RENATE HUDAK | HARALD HARAZIM

Das Glück vom Leben auf dem Land

52 inspirierende Landmomente für zu Hause

Sehnsucht nach Natur und Ruhe

Obwohl die Einwohnerzahl in den Städten beständig steigt, da viele Menschen das vielfältige Angebot an Arbeits- und Einkaufsmöglichkeiten sowie an Kultur und Bildung in den Ballungszentren schätzen und gerade junge Menschen aus dem ländlichen Raum häufig ihrer dörflichen Heimat den Rücken kehren, zieht es auf der anderen Seite Jahr um Jahr immer mehr Städter wieder aufs Land hinaus. Zahlreiche Zeitschriften und Reportagen, die in Bauernhof-Nostalgie schwelgen, sind ebenfalls ein Ausdruck dieser neuen »Landliebe«.

Dabei kann das Motto »Raus aufs Land« für die einzelnen Menschen ganz Verschiedenes bedeuten: seine Lebensmittel direkt beim Bauern im Hofladen einkaufen, glücklichen Hühnern beim Scharren zusehen, den heimgekehrten Störchen beim Klappern zuhören, Beeren und Kartoffeln im eigenen Garten ernten, in den Tag hineinradeln, der Betriebsamkeit und Enge der Städte entkommen, sich an den nicht weit entfernten Wäldern und Wiesen erfreuen ...

Für viele Menschen ist insbesondere die Nähe zur Natur ein wichtiger Punkt; Sie wünschen sich ein Leben im Einklang mit der Natur und den Jahreszeiten, wie es sich natürlich auf dem Land viel eher verwirklichen lässt als im städtischen Raum. Nach der Hektik der Stadt und der Arbeit finden diese Menschen im Leben auf dem Land eine Nische, in der es sich ruhiger, bewusster, langsamer und auch selbstbestimmter leben lässt.

Selbst Städter, die nicht in ein altes Bauernhaus umziehen, interessieren sich für das Landleben mit allen seinen Facetten. Sie verleihen ihrer Stadtwohnung mithilfe entsprechender Deko- und Wohnideen etwas »Landleben-Flair« und genießen auf diese Weise dessen Beschaulichkeit und Behaglichkeit.

Der Traum von der Landidylle

Dabei war das tatsächliche Landleben früher keineswegs nur schön und idyllisch, sondern oft mit schwerer körperlicher Arbeit, Entbehrungen und Mühen verbunden. Viele Tätigkeiten mussten in anstrengender Handarbeit verrichtet werden; Wind und Wetter und andere Unbilden der Natur machten ohne geeignete Schutzmaßnahmen manche Arbeiten doppelt so schwierig und gefährlich oder in manchen Fällen sogar unmöglich.

Doch während sich die Menschen früher ihr Leben auf dem Land nicht unbedingt ausgesucht haben, sondern hineingeboren wurden, haben wir heute die Chance, uns bewusst für ein Leben in ländlicher Umgebung zu entscheiden oder auch nur einzelne Aspekte des Landlebens für uns herauszugreifen und in unser Leben zu integrieren.

Eingebunden sein in die Kultur

Natürlich prägten neben der Arbeit auch Feste und Feiern den ländlichen Alltag. Bereits in vorchristlicher Zeit entstanden mit dem Rhythmus der Jahreszeiten und der bäuerlichen Arbeiten zahlreiche Bräuche und traditionelle Feste. Später wurden viele davon mit christlichen Inhalten belegt, doch bis heute kann man in den verschiedenen Regionen Deutschlands immer noch Feste erleben, die eng mit den Vorgängen in der Natur und den Jahreszeiten verbunden sind.

Vor allem Kinder sind immer wieder tief beeindruckt von alljährlich wiederkehrenden Festen im Kreis von Familie und Freunden und behalten diese zeitlebens in lebhafter Erinnerung.

So ist für viele ein Leben auf dem Land eben nicht nur gleichbedeutend mit einem Leben im Einklang mit der Natur, sondern auch mit der Einbindung in die ländliche Kultur. Die Feste, Feiern und Bräuche im Rahmen einer intakten Dorfgemeinschaft werden als belebender und bereichernder Aspekt empfunden. Vielleicht verspüren Sie selbst ja Lust, die alten Bräuche oder Feste aus der Zeit Ihrer Kindheit wieder aufleben zu lassen oder in einer eigenen Version mit Ihrer Familie zu zelebrieren.

Sehnsucht nach Natur und Ruhe

Traditionen und Brauchtum auf dem Land folgen, wie auch die meisten landwirtschaftlichen Tätigkeiten, dem Jahreslauf. Außerdem beobachtete man früher aufmerksam die Tier- und Pflanzenwelt um sich herum und konnte so schon bald an deren »Verhalten« bzw. an den sich jährlich immer wiederholenden Naturerscheinungen den genauen Fortgang der Jahreszeiten ablesen. Danach richtete man viele Tätigkeiten in Hof und Feld aus.

So säten die Landfrauen z.B. im Frühjahr die Bohnen erst dann aus, wenn – etwa Mitte April – der erste Ruf des Mauerseglers, eines heimkehrenden Zugvogels, zu hören war. Aus diesen gesammelten Beobachtungen entstand schließlich der sogenannte phänologische Kalender, nach dessen Angaben noch heute der genaue Verlauf der Jahreszeiten ermittelt werden kann (→ Seite 7). Er hilft uns, die Zeichen der Natur wieder zu entdecken und zu verstehen.

Aus Dankbarkeit feiern

Schon immer haben die Menschen in bäuerlichen Regionen zwar viel und oft auch schwer gearbeitet, doch sie verstanden es auch zu feiern. Insbesondere die Ernte, die Früchte des Feldes, die Gesundheit und Unversehrtheit der Haus- und Nutztiere sowie die Dankbarkeit für die Gaben der Natur standen seit jeher im Mittelpunkt der dörflichen Feierlichkeiten. Das ist im Grunde auch heute noch so, selbst wenn sich das Leben der Menschen in einigen Punkten grundlegend verändert hat. Umso mehr können wir heute traditionelle Feste zum Anlass nehmen, uns wieder auf den Wert dessen zu besinnen, was mit ihnen gefeiert wird, wie etwa das Erwachen der Natur im Frühling, das Reifen von Wein und Obst im Sommer oder die besinnliche Weihnachtszeit im Winter.

Natürlich sind die ländlichen Feste von Region zu Region immer etwas unterschiedlich, doch im Großen und Ganzen wird quer durch Deutschland, Österreich und die Schweiz zu denselben oder ähnlichen Anlässen gefeiert.

Vom Osterfeuer bis zum Erntedankfest

Mit dem Beginn des Jahres beginnt auch der Reigen der Feste und Feiern auf dem Land. Neujahr, schon seit jeher ein Anlass, innezuhalten, über Vergangenes zu resümieren und über Zukünftiges zu spekulieren, wird überall mit verschiedenen Bräuchen und Ritualen gefeiert, die häufig in der Neujahrsnacht stattfinden.

Am 2. Februar folgt Mariä Lichtmess. Die Tage werden deutlich länger, das zunehmende Licht tut Mensch und Tier gut und lockt langsam, aber sicher wieder das Leben aus der Winterruhe hervor. Nun ist auch die Weihnachtszeit offiziell zu Ende.

Mit dem Voranschreiten des jungen Jahres nähert sich die Faschingszeit, auch Fastnacht, Fasnacht, Fasnet, Karneval oder die »fünfte Jahreszeit« genannt, ihrem Höhepunkt. Dabei wird vor der sechswöchigen vorösterlichen Fastenzeit noch einmal ausgelassen mit Musik, Tanz und »Mummenschanz« (Verkleidung) gefeiert.

Am Aschermittwoch schließlich endet das närrische Treiben, es beginnt die Fastenzeit, welche ihren Abschluss im Osterfest findet. Dieses zählt zu den sogenannten beweglichen Festen, das heißt, der Ostersonntag fällt jedes Jahr im März oder April auf einen etwas anderen Termin, da er immer am Sonntag nach dem ersten Frühlingsvollmond gefeiert wird.

Nach wie vor eines der wichtigsten christlichen Feste, wird Ostern gerade in ländlichen Regionen auch heute noch meist sehr feierlich zelebriert. Auch Osterfeuer sind vielerorts noch üblich.

Mit Feuer wird einige Wochen später auch ein anderes Fest des Frühlings begangen: die Nacht auf den 1. Mai, auch Walpurgisnacht genannt. In vielen Regionen wird am Tag darauf, dem 1. Mai, der Maibaum aufgestellt und der Beginn des Wonnemonats mit Musik und Tanz gefeiert.

Am 50. Tage nach dem Ostersamstag ist Pfingsten, in dessen Mittelpunkt in der christlichen Tradition die Entsendung des Heiligen Geistes steht.

Während des Sommers, wenn die Bauern auf den Feldern alle Hände voll zu tun hatten, wurde weniger gefeiert. Eine Ausnahme gab es jedoch: Der Höhepunkt des Jahres, die Sommersonnenwende, war ein wichtiger Anlass, und so feiert die katholische Kirche noch heute den Johannistag am 24. Juni. Im Johannibrauchtum spielen, ebenso wie zu Mariä Himmelfahrt (15. August), Kräuter eine wichtige Rolle.

Es folgen Wein-, Most- und andere Erntefeste, die in den unterschiedlichen Regionen zu immer etwas anderen Terminen gefeiert werden. Den Abschluss bildet das Erntedankfest Anfang Oktober. Nun werden die Tage deutlich kürzer, das Licht nimmt ab, das Jahr neigt sich dem Ende zu, und es beginnt die dunkle und »stade«, also stille Zeit. Traditionell fallen in diese Zeit Feste, an denen man seiner Verstorbenen gedenkt: Allerheiligen (1. November) und Allerseelen (2. November).

Licht ins Dunkel bringen Laternenfeste wie St. Martin am 11. November, wenn vielerorts abendliche Laternenumzüge die hereinbrechende Nacht erleuchten. Barbaratag, Nikolaustag, Advent – die Vorweihnachtszeit, wenn viele bäuerlichen Arbeiten ruhten, wurde schon früher zum gemütlichen Beisammensein, aber auch zur Besinnung und zum Innehalten genutzt und fand ihren feierlichen Höhepunkt im Weihnachtsfest.

Die Tage zwischen Weihnachten und dem 6. Januar, wenn das alte Jahr endet und ein neues beginnt, wenn die Tage wieder länger werden und endlich das Licht wieder über die Dunkelheit »siegt«, wurden früher als eine besondere Zeit angesehen, wovon alte Traditionen und die Raunachtsbräuche noch heute zeugen.

So vermag sicherlich der Kreis der ländlichen Traditionen und Feste, eng angelehnt an den Jahresverlauf der Natur, uns auch heute noch in seinen Bann zu ziehen. Wenn wir uns darauf einlassen, kann dies einen wohltuenden Ausgleich zu unserem oft allzu betriebsamen Alltag schaffen.

Die phänologischen Jahreszeiten

Neben den kalendarischen und meteorologischen gibt es auch noch die phänologischen Jahreszeiten, die sich hauptsächlich an verschiedenen Zeigerpflanzen orientieren.

Der Vorfrühling beginnt, wenn Ende Februar oder im März die Schneeglöckchen blühen und die Kätzchen der Haselsträucher stäuben. Wenige Tage danach blüht die Schwarzerle und etwas später die Salweide. Sie signalisiert das Ende des Vorfrühlings. Das Aufbrechen der Stachelbeerknospen und die Forsythienblüte zeigen den Anfang des Erstfrühlings an. Auf den Feldern geht bald das Sommergetreide auf, und neben Stachel- und Johannisbeeren beginnen Kirsche, Pflaume und Birne zu blühen, ebenso wie Schlehe und Ahorn. Langsam entfalten Rosskastanie und Birke ihr Laub, und etwa eine Woche später folgen Rotbuche, Linde und Ahorn. Der Vollfrühling hält mit der Apfel- und Fliederblüte Einzug. Auf den Feldern gehen Futterrüben und Kartoffeln auf, und die Halme des Wintergetreides schieben sich in die Länge. Die Apfelblüte geht zu Ende, und kurz darauf beginnt die Himbeerblüte.

Wenn auf den Wiesen die Gräser zu blühen beginnen, setzt der Frühsommer ein. Auf den Feldern blüht der Winterroggen. Auffälligste Zeigerpflanze ist jedoch der Schwarze Holunder mit seinen weißen Blütendolden. Es beginnt die Heuernte, und an den Getreidearten erscheinen die ersten Ähren. Sobald die Johannisbeeren reifen und die Kartoffeln blühen, ist Hochsommer. Er steht im Zeichen der Getreideernte. Die Fruchtreife von Frühapfel und Eberesche zeigt den Spätsommer an.

Sobald die Herbstzeitlosen blühen und Holunderbeeren reifen, ist Frühherbst. In den kommenden Wochen stehen Birnen und Hauszwetschgen zur Ernte an. Sind die Früchte von Rosskastanie, Eiche und Walnuss reif, hält der Vollherbst Einzug. Letzte Äpfel und Spätkartoffeln werden geerntet und das Wintergetreide gesät. Schließlich setzt der Blattfall bei den Obstbäumen und die Blattfärbung bei Laubbäumen ein. Werfen auch sie ihr Laub ab, ist Spätherbst. Die Rüben werden geerntet, und das Wintergetreide geht bald auf. Wenn mit dem Pflug die Winterfurche gezogen wird, geht das phänologische Jahr zu Ende.

Ländliche Bräuche bewusst erleben

Dieser Tischaufsteller möchte Ihnen Anregungen geben, Aspekte des ländlichen Lebens, bäuerlicher Gepflogenheiten und traditionellen Brauchtums zu entdecken und ihre wohltuende Wirkung kennenzulernen. Lassen Sie sich über das Jahr hinweg begleiten und inspirieren. Wir haben für Sie das Leben auf dem Land aus 52 faszinierenden Blickwinkeln betrachtet und beleuchtet. Woche für Woche können Sie sich an der Fülle und dem Abwechslungsreichtum des Landlebens erfreuen und sich von seinen zahlreichen Facetten anregen lassen.

Besuchen Sie ein Dorffest, und lassen Sie sich von seiner Stimmung einfangen und bezaubern. Machen Sie einen langen Spaziergang oder eine Radtour über Land, bei der Sie Heuduft schnuppern oder Weinberge im Herbstlicht bewundern. Als Gepäck benötigen Sie nicht viel mehr als die Bereitschaft, mit offenen Sinnen Landschaft und Umgebung wahrzunehmen.

Selbst zu Hause können Sie sich von unserem »Landleben« inspirieren lassen: Nehmen Sie sich Zeit, einmal wieder alte Fotos herauszukramen, auf denen vielleicht Ihre Großeltern oder sogar Urgroßeltern bei bäuerlichen Tätigkeiten zu sehen sind. Erinnern Sie sich an traditionelle Oster- oder Weihnachtsfeste in Ihrer Familie und an das, was Sie besonders gern daran mochten: Lassen Sie Ihre persönlichen Lieblingsbräuche wieder aufleben, oder kreieren Sie, angeregt durch die Bilder und Beiträge dieses Kalenders, Ihre eigenen Familientraditionen.

Aber auch die traditionelle Zubereitung bestimmter Speisen und Backwaren, die sorgsame Anfertigung verschiedener Gebrauchs- oder Dekorationsgegenstände oder die liebevolle Pflege alter Werkzeuge und Geräte kann eine Möglichkeit sein, ein wenig in alte Zeiten »abzutauchen« und dabei zur Ruhe und zu sich selbst zu kommen. Die Erfahrung, wie aufwendig es ist und wie viel Sorgfalt es benötigt, ein gutes Brot zu backen oder ein Weidenwerkstück zu flechten, flößt uns Achtung und Respekt vor diesen Dingen ein und vor denen, die sie hergestellt haben.

Auszeiten nehmen

Wir möchten Sie inspirieren zu Ausflügen, Spaziergängen und Kurzurlauben auf dem Land. Vielleicht möchten Sie Störche beobachten, ums Osterfeuer tanzen oder sich über alte Bauernregeln amüsieren. Mit unseren kleinen Rezepten und Anleitungen können Sie zu Hause Hand anlegen, oder Sie finden in unseren Adressen- und Veranstaltungstipps den einen oder anderen »Fachmann«, die eine oder andere versierte »Landfrau«, der Sie bei ihrer Arbeit über die Schulter sehen können. Wofür Sie sich auch entscheiden, Sie werden auf jeden Fall eine besondere Erfahrung machen und Christstollen, Weidenkorb oder Holzschindeln nachher mit anderen Augen sehen. Gönnen Sie sich regelmäßig eine kleine Auszeit. Um Ihnen dies zu erleichtern, haben wir Vorschläge für das ganze Jahr zusammengestellt. Eingeteilt sind sie in fünf Kategorien:

Anleitung Ostereier färben oder einen Kräuterstrauß binden wie früher versetzt Sie ein Stück weit in eine andere Zeit – lassen Sie sich inspirieren.

Beobachtungen, Ausflüge und altes Wissen Spannende Beobachtungen und interessante Ausflüge dienen als kleine Auszeit; altes Wissen erklärt faszinierende Zusammenhänge.

Bauernregeln Wettervorhersage nach Großvaters Art; amüsante Wetter- und Ernteregeln versuchen, Gesetzmäßigkeiten der Natur zu entschlüsseln.

Arten- und Sortentipp Alte Obstsorten oder prachtvolle Bauernpfingstrosen – mit ihnen »erblüht« die gute alte Zeit wieder in Ihrem Garten.

Rezept Traditionelle Gerichte und Speisen, zubereitet nach Großmutters Art, schmecken heute wie damals.

1 »Ein gutes Neues«:
Rituale und Glückssymbole zum Jahresbeginn

Der Beginn eines neuen Jahrs ist ein besonderer Anlass, um innezuhalten, uns zu besinnen. Wir halten Rückschau, was im alten Jahr geschehen ist, und hören in uns hinein, welche Wünsche und Anliegen für das neue Jahr uns am Herzen liegen.

Was mag das neue Jahr bringen? Mit diversen Bräuchen versuchten die Menschen, die Geschehnisse des kommenden Jahrs vorauszusagen bzw. günstig zu beeinflussen. Auf dem Land, wo das Wetter über die Ernte und damit über das Wohlergehen der ganzen Familie entschied, standen oft Wetterorakel im Mittelpunkt, etwa das Christrosenorakel. Dazu schnitt man in der Nacht von Heiligabend auf den ersten Weihnachtsfeiertag zwölf Christrosen mit noch knospigen Blüten ab und stellte sie in eine Vase. Man bestimmte für jeden Monat eine Blüte. Jede Knospe, die sich in der Nacht öffnete, stand für eine günstige Wettervorhersage im jeweiligen Monat. Geschlossene Knospen kündigten schlechtes Wetter an. Oder man verbrannte in der Neujahrsnacht alte Kleider, um Schlechtes zu vergessen und einen neuen Anfang zu symbolisieren. Um Gutes herbeizuwünschen, verschenkt man noch heute Glück bringende Symbole wie vierblättrigen Klee, Glücksschweine und Schornsteinfeger.

Christrosen: zarte Blüten
von Oktober bis Mai

Sie bezaubern mit ihren Blüten: Okt.–Dez.: Frühe Christrose (Helleborus niger 'Praecox'), Blüte weiß, Blatt wintergrün. Jan.–April: Nieswurz (H. foetidus), Blüte grünlich, Blatt schmal gefingert. Febr.–April: Christrose (H. niger), Blüte groß, weiß, Blatt wintergrün. Rote Christrose (H. atrorubens), Blüte dunkelrot, Blatt grün, glänzend, lang gestielt. März–Mai: Frühlingsschneerose (H. × hybridus), Blüte weiß, grünlich oder rötlich, Blatt wintergrün.

1

*Glück entsteht oft durch
Aufmerksamkeit in kleinen Dingen*

(Wilhelm Busch)

2 Winterliche Landschaft im weißen Kleid –
Nutzen und Spaßfaktor der kalten Pracht

Wie verzaubert liegt die Winterlandschaft unter einer Schneedecke, die alles wie mit weißer Zuckerwatte bedeckt, Geräusche dämpft und unter den Schritten der Spaziergänger leise knirscht. Unter ihr verbringen Pflanzen und auch viele Tiere den Winter meist gut geschützt und relativ warm, da frisch gefallener Schnee bis über 90 Prozent aus eingeschlossener Luft besteht und hervorragend isoliert.

Wenn Winterporree, Zuckerhut, Spinat und Winterportulak von einer schützenden Schneedecke bedeckt sind, überstehen sie auch Minusgrade und können in frostfreien Perioden bis Ende Januar geerntet werden. Das gilt auch für Feldsalat, der selbst unter dem Schnee noch weiterwächst. Nur das Ernten gestaltet sich mit Schneehaube manchmal etwas schwierig. Leichter geht es, wenn Sie Gärtnervlies oder Reisig über Ihr Wintergemüse legen, bevor der erste Schnee fällt. Zu Zeiten, als nicht jeder Bauernhaushalt mit Kühl- und Gefrierschränken ausgestattet war, wurden die weißen Massen oft in Keller, Gruben oder große »Schneekisten« geschaufelt und zur Kühlung von Lebensmitteln genutzt. Dem gegenüber stehen heute viele Aktivitäten im Schnee, wie Rodeln, Schneeschuhwandern oder das Bauen von Schneeskulpturen – alles willkommene Auszeiten vom Alltag!

Bauernregeln im Januar

Für die Vegetation in der winterlichen Ruhezeit ist eine isolierende Schneeschicht ideal: »Die Erde muss ihr Betttuch haben, soll sie der Winterschlummer laben«, und auch die Ernte im kommenden Sommer profitiert davon: »Klirrt der Frost im Januar, gibt's ein gutes Erntejahr«. Ungünstig ist ein kalter Jahresbeginn ohne Schnee: »Im Januar Frost ohne Schnee, tut Bergen, Bäumen und allem weh.«

2

Wahrhaftig ist doch nur das Glück,
das sich mit anderen teilen lässt.

(Karl Ferdinand Gutzkow)

3 Heimische Wildgehölze
im winterlichen Beerenschmuck

Ist alles verschneit, fallen selbst ein paar wenige bunte Beeren, die noch an Hecken und Sträuchern hängen, ganz besonders auf und bringen Farbe und Leben in Garten und Landschaft. Vor allem unsere heimischen Wildgehölze sind in puncto Fruchtschmuck nahezu unschlagbar, und einige tragen noch den halben Winter ihr Kleid aus bunten Beeren. Dazu gehören zum Beispiel Weißdorn, Hartriegel, Pfaffenhütchen und diverse Wildrosenarten.

Das ganze Jahr über sind sie überlebenswichtig für Tiere wie Käfer, Bienen, Schmetterlinge, viele Kleinsäuger wie Mäuse, Siebenschläfer, Eichhörnchen und insbesondere für zahlreiche Vögel. Diese finden dort im Frühjahr Nist- und Brutplätze, den Sommer über ausreichend Versteckmöglichkeiten und ein üppiges Nahrungsangebot. Hält der Winter seinen Einzug, nehmen viele Vogelarten das noch in den Sträuchern hängende Wildobst dankbar an und finden auch hinter der Rinde oder in Ritzen und Spalten dickerer Zweige noch das ein oder andere Insekt. Auch das Aufstellen von Futterhäuschen hilft den Vögeln über die karge Winterzeit hinweg. Für uns Menschen ist das Beobachten der an- und abfliegenden gefiederten Gäste äußerst kurzweilig und lässt uns auf angenehme und einfache Weise zur Ruhe kommen.

Vogel-Snack mit Wildbeeren

Erwärmen Sie 200 g Kokosfett in einem Topf, bis es weich ist, und rühren Sie dann ca. 150 g einer Mischung aus gehackten Nüssen, Sonnenblumenkernen, Haferflocken, Hagebutten, Weißdornbeeren und getrockneten Holunderbeeren darunter. Das erkaltende, aber noch weiche Gemisch zu Knödeln oder Ringen formen und eine Schnur zum Aufhängen einarbeiten.

3

In der lebendigen Natur geschieht nichts, was
nicht in Verbindung mit dem Ganzen steht.

(Johann Wolfgang von Goethe)

4 Der Kohl trotzt Kälte und Frost:
Ihm kann der Winter nichts anhaben

Zu Zeiten unserer Großeltern, als es nicht das ganze Jahr über alles erdenkliche Gemüse und Obst zu kaufen gab, war es im Winter nicht immer leicht, sich mit vitaminreicher Kost zu versorgen. Zum Glück gab es eine ganze Reihe Wintergemüse, die sich auch heutzutage wieder größerer Beliebtheit erfreuen und uns selbst in der kalten Jahreszeit mit leckeren Produkten aus dem Garten versorgen.

An erster Stelle stehen die Kohlarten, allen voran der Grünkohl, der sowieso erst nach dem Frost geerntet wird, da das Gemüse erst dann seinen charakteristischen Geschmack bekommt. In weiten Teilen Norddeutschlands ist das Grünkohl-Essen ein Brauch, der von den ersten Herbstfrösten bis zum Gründonnerstag gepflegt wird. Auch Rosenkohl, Wirsing, Blumenkohl, Rot- und Weißkohl, Lauch, Pastinaken, Schwarzwurzeln und Topinambur bieten Frost und Kälte Paroli. Wählen Sie Winter- oder Lagersorten, und kontrollieren Sie eingelagertes Gemüse regelmäßig. Bedecken Sie im Herbst den Boden zwischen den Pflanzen mit einer etwa 10 cm starken Mulchschicht zum Beispiel aus halb reifem Kompost. Dann gefriert die Erde nicht, und die Pflanzen können mit ihren Wurzeln noch ausreichend Wasser aufnehmen.

Gefüllte Wirsingtaschen

1 Pastinake, ½ Sellerie, 1 Möhre und 1 große Zwiebel. Gemüse waschen. Zwiebel und Gemüse schälen und in kleine Würfel schneiden. Mit Salz, Pfeffer, Kräuter der Provence würzen und andünsten. Vier große Wirsingblätter in kochendem Wasser blanchieren. Gemüse auf die Blätter verteilen, jedes Blatt an den Rändern zusammenfassen und mit Garn zu einem Säckchen binden. In der Pfanne kurz anbraten, wenig Wasser angießen und 15 Minuten köcheln lassen.

Was der Frühling nicht säte, kann der Sommer nicht reifen, der Herbst nicht ernten und der Winter nicht genießen.

(Johann Gottfried von Herder)

4

5 Die Tage werden wieder länger, und langsam beginnt das Gartenjahr

Bei der bäuerlichen Landbevölkerung galt Mariä Lichtmess (2. Februar) lange als Lostag. An diesem Tag endete das Dienstboten- und Knechtsjahr, das Gesinde bekam den Rest seines Jahreslohns ausbezahlt, vielerorts auch einen freien Tag, und konnte – oder musste – sich eine neue Arbeitsstelle suchen.

Auch als Licht- oder Kerzenfest wurde dieser Tag oft gefeiert. Nachdem man früher die Kerzen fürs ganze Jahr an langen Winterabenden fertigte, weihte man sie zu Lichtmess, wodurch sie besondere Schutzkraft erhalten sollten. Auch in der keltischen Tradition spielten Licht und Kerzen an diesem Tag eine besondere Rolle: Die brennende Kerze symbolisierte das neu erwachte Licht und die Göttin Brigid, Beschützerin allen neugeborenen Lebens. Heute heben die länger werdenden Tage meist schon nach Kurzem unsere Stimmung. Man beginnt, je nach Region, mit den ersten Gartenarbeiten, schneidet an frostfreien Tagen Obstbäume und bestreicht, falls noch nicht geschehen, die Stämme mit Kalkmilch. Spätwintertage mit intensiver Sonne führen durch den hohen Temperaturunterschied sonst zu Frostrissen in den Stämmen. Ab Februar sät man Dicke Bohnen, Zwiebeln, Radieschen und frühe Möhren und pflanzt Knoblauch.

Bauernregeln zu Lichtmess

Das Wetter am Lichtmesstag wurde als Prognose für die Länge des Winters angesehen: »Ist's an Lichtmess hell und rein, wird ein langer Winter sein. Wenn es aber stürmt und schneit, ist der Frühling nicht mehr weit.« Nach der Wintersonnenwende, der längsten Nacht, nahm das Licht endlich wieder deutlich zu: »An Weihnachten um einen Hahnentritt, zu Neujahr um einen Männerschritt, an Dreikönig um einen Hirschensprung und an Lichtmess um eine ganze Stund.«

Geh nicht, wohin der Weg führen mag,
sondern dorthin, wo kein Weg ist,
und hinterlasse eine Spur.

(Ralph Waldo Emerson)

6 Eis und Frost als winterliche Helfer:
nützliche Eiskeller und kostbarer Eiswein

In früheren Zeiten erfreuten sich einige Attribute des Winters besonderer Wertschätzung. So nutzte man zum Beispiel bis Ende des 19., Anfang des 20. Jahrhunderts winterliches Eis zur Kühlung von Speisen und Getränken. Die Eisschicht auf einem Gewässer ist konstant 0 °C kalt, und kühl gelagertes Eis hält diese Temperatur recht lange.

Das Eis wurde in mühsamer und nicht ganz ungefährlicher Arbeit in Blöcken auf Seen oder Flüssen gewonnen und in Eiskellern aufbewahrt. Diese Bauten lagen ganz oder teilweise unter der Erde. Vor allem große Brauereien oder Schlossschänken verfügten über solche Keller. Noch heute kann man in der Nähe mancher Gasthöfe oder Biergärten den Eingang zum alten unterirdischen Eiskeller entdecken, der meist im Schatten großer Bäume liegt. Ihres ursprünglichen Zwecks beraubt, dienen solche Gewölbe heute oft als Quartiere für Fledermäuse.

In manchen Regionen nutzen Winzer Kälte und Frost, um ein besonderes Produkt herzustellen. Eiswein, ein konzentrierter und sehr süßer Wein, wird aus gefroren geernteten, meist weißen Trauben hergestellt, die gepresst und anschließend vergoren werden. Eiswein ist sehr süß und hat einen relativ niedrigen Alkoholgehalt.

Funkelndes Eislicht

Ein Gefäß (Metallschüssel oder Eimer) zu einem Viertel mit Wasser und Blättern, Blüten, Beeren oder Zweigen füllen. In der Mitte ein kleineres Gefäß platzieren und mit Klebeband am Rand fixieren. Wasser bis knapp unter den Rand füllen und bei Frost im Freien oder in der Tiefkühltruhe gefrieren lassen. Zum Herauslösen in warmes Wasser stellen. Eis-Gefäß herausnehmen und ein Teelicht hineinstellen.

6

Nur die Ruhe ist die Quelle
jeder großen Kraft.

(Fjodor M. Dostojewski)

7 Schneeglöckchen & Co. – diese Pflanzen läuten das Frühjahr ein

Noch ist mit einem gelegentlichen Aufbäumen des Winters zu rechnen, doch die Menschen lechzen – heute nicht anders als früher – nach den ersten Anzeichen des Frühlings. Der lässt sich das eine Mal mehr Zeit, das andere Mal weniger und beginnt in jedem Landstrich zu einem etwas anderen Zeitpunkt.

Um dennoch seinen Beginn überall an bestimmten Naturphänomenen ablesen zu können, wurde der phänologische Kalender entwickelt. In ihm sind regelmäßig wiederkehrende Erscheinungen der Natur – meist Entwicklungsstadien typischer Pflanzen – festgehalten und einer seiner zehn Jahreszeiten zugeordnet. Er bildet zum Teil auch die Grundlage für Bauern- und Wetterregeln. So zeigt, wenn im Februar/März – in seltenen Fällen auch früher – die Kätzchen der Haselsträucher zu stäuben und die Schneeglöckchen zu blühen beginnen, das den Beginn des Vorfrühlings an. Auf Letztere folgen Buschwindröschen, Scharbockskraut, Blausternchen und Lerchensporn. Sie sind ein Beispiel dafür, dass unter Gehölzen, wo im Sommer Schatten herrscht und kaum etwas blüht, zum Jahresbeginn Arten mit der passenden Strategie eine Nische finden: Sie nutzen die Zeit, in der die Sonne durch die noch blattlosen Zweige ihre Strahlen bis zum Boden schickt.

So bunt treibt es der Frühling

Folgende Arten entwickeln sich, unter Bäume, Sträucher, Hecken oder in einen Rasen gepflanzt, im Lauf der Jahre zu frühlingshaften Blütenteppichen: Schneeglöckchen (Galanthus nivalis), Märzenbecher (Lucojum vernum), Buschwindröschen (Anemone nemorosa), Scharbockskraut (Ranunculus ficaria), Blausternchen (Scilla siberica), Schneestolz (Chionodoxa forbesii), Hohler Lerchensporn (Corydalis cava).

Der eine sieht nur Bäume, Probleme dicht an dicht,
der andere Zwischenräume und das Licht!

(Unbekannt)

8 Skurrile Baumgestalten, geschaffen von Menschenhand

Insbesondere im Winter, in einer von Schnee oder Raureif bedeckten Landschaft, wirken die Gestalten der Kopfweiden oft bizarr. Sie wachsen an Gewässern oder entlang von Wiesen und Weiden und prägen in einigen Regionen das Landschaftsbild.

Früher stellte man Weidezäune her, indem man frisch geschnittene Weidenäste als Zaunpfosten in die Erde steckte. Oft trieben sie Wurzeln und junge Zweige aus und bildeten einen neuen Baum. Im Abstand von drei bis zehn Jahren wurden die jungen Ruten zwischen Ende November und Ende Februar »geerntet«. Die Schnittintervalle richteten sich danach, ob man dünnere Ruten oder kräftige Zweige benötigte. Korbflechter bevorzugten etwa fingerstarke Triebe. Stärkere Äste dienten als Besen- oder Werkzeugstiele. Durch diese Nutzung entstanden einzigartige Biotope, denn das alte Holz der Kopfweiden bietet Nahrung und Wohnstätte für Insekten und andere Tiere. Weil heute weniger Weidenkörbe verwendet werden, ist der Bedarf an Ruten nur noch gering. Doch viele Kopfweiden werden noch geschnitten, um sie als Lebensräume und Landschaftselemente zu erhalten. Und auch die Kunst des Weidenflechtens erfreut sich wieder steigender Beliebtheit.

Gartenobjekte aus Weide

Gut fingerstarke, gerade Ruten von Silberweide (Salix alba), Purpurweide (S. purpurea) oder Korbweide (S. viminalis) zwischen November und Februar schneiden und an einem schattigen Platz im Garten lagern. Sie dürfen Regen und Schnee abbekommen. Bis Mai/Juni lassen sie sich zu Rankgittern, Beeteinfassungen oder anderen Objekten verarbeiten. Am besten einige Tage vorher ins Wasser legen. Anleitungen gibt es im Internet oder in Weidenflechtkursen.

Bäume sind Gedichte, die die Erde in den Himmel schreibt.

(Khalil Gibran)

9 Schäfchen in Frühlingslaune:
blökende Wolllieferanten und Landschaftspfleger

Zu Frühlingsbeginn bevölkern staksige junge Lämmer viele Weiden und Ställe. Was da im feinlockigen Fell daherkommt, wurde vor etwa 10 000 Jahren – vermutlich im Gebiet der heutigen Türkei – domestiziert und zählt zu den ältesten Haustierarten.

In vielen Kulturen, vorrangig im Mittelmeerraum, war die Schafzucht lange Zeit von großer Bedeutung und ist es stellenweise noch heute. Stellt die Haltung der genügsamen Tiere doch gerade in zum Ackerbau wenig geeigneten Gegenden eine wichtige Alternative in der Landwirtschaft dar. Durch seine vielfältige Nutzung als Lieferant für Wolle, Fleisch und Milch und durch die Erzeugung von Joghurt und Käse sicherte das Schaf so manch bäuerliches Auskommen. Außerdem sind die kleinen Wiederkäuer hervorragende Landschaftspfleger. Sie schützen Trockenrasen, Moore und Heiden vor Verbuschung und Versteppung und festigen durch ihren Tritt den Untergrund von Deichen. Je nach Nutzung werden Fleisch-, Woll- und Zweinutzungsrassen gezüchtet. Viele alte Rassen sind selten geworden, wenn nicht gar vom Aussterben bedroht. In Deutschland kennt man zum Beispiel Heidschnucke, Bentheimer Landschaf, Rauwolliges Pommersches Landschaf, Bergschaf, Rhönschaf, Ostfriesisches Milchschaf, Schwarzwaldschaf, Texelschaf oder auch das aus Ungarn stammende Zackelschaf mit seinen imposanten gedrehten Hörnern.

Heilsame Schafgarbe:
altes Wissen aus der Schäferapotheke

Der Schäfer, der insbesondere früher wochenlang mit seinen Tieren unterwegs war, war oft ein »Wissender um Heilpflanzen und Wetter«. Dies war für ihn und seine Herde überlebenswichtig. So ist etwa die Schafgarbe ein typisches Heilkraut, das bei Wunden und Verletzungen nicht nur Schafen gute Dienste leistet.

Es gibt nichts Schöneres, als geliebt zu werden,
geliebt um seiner selbst willen oder
vielmehr trotz seiner selbst willen.

(Victor Hugo)

10 Alte Schätze brauchen Pflege:
vom Wert hilfreicher Gartengeräte

Kein Gärtner kommt ohne Gartengeräte aus, und wer in ihnen nicht in erster Linie Symbole harter Arbeit sieht – was sie früher mit Sicherheit auch waren –, sondern nützliche Freunde und Helfer bei der Gartenarbeit, sollte ihnen etwas Pflege angedeihen lassen. Umso mehr, wenn die Geräte noch vom Großvater stammen!

Oft werden Gartengeräte im Spätherbst eilig und nicht gerade gut gesäubert und gewartet in die Winterruhe im Geräteschuppen entlassen – wenn nicht sogar das eine oder andere Teil im Garten liegen bleibt. Jetzt, im Licht der Frühlingssonne offenbart sich so manches Versäumnis: Am Spaten klebt noch Erde, der Stiel der Hacke ist abgesplittert, und die Grabegabel hat Rost angesetzt. Zeit, den Geräten eine Frühjahrskur zu verordnen. Dazu befreit man die Metallteile der Werkzeuge trocken mit einer Wurzelbürste, in hartnäckigen Fällen auch mit kaltem Wasser und einer Drahtbürste von Schmutz und Erde und lässt sie hinterher gut trocknen. Ein leichter Rostansatz wird mit Stahlwolle entfernt, anschließend reibt man sie gründlich mit Werkzeugöl oder Pflanzenöl aus der Küche ein oder – nach alter Väter Sitte – mit einer Speckschwarte! Werkzeuggriffe aus Holz sind für eine Pflege mit Leinöl dankbar. Sie werden dann weniger spröde und splittern oder brechen seltener. Sollte ein Holzstiel dennoch kaputt sein, bekommen Sie im Baumarkt meist einen passenden neuen Stiel.

So sitzt die Hacke wieder fest!

Haben sich die Metallteile von Geräten an den Stielen gelockert, ziehen Sie die Schrauben wieder fest oder ersetzen sie. Holzstiele und -griffe ohne Schrauben stellt man über Nacht in einen Eimer Wasser. So quillt das Holz auf, und das Gerät sitzt wieder fest am Stiel!

Die Zeit verweilt lange genug
für denjenigen, der sie nutzen will.

(Leonardo da Vinci)

11 Rotschnabelige Frühlingsboten:
Störche bevölkern Dächer und Türme

Traditionell bringt der »Klapperstorch« nicht nur die Kinder, wie eine Sage behauptet, sondern ist auch ein Glücksbringer und Frühlingsbote. Wer naturverbunden lebt, begrüßt auch heute freudig die ersten Störche, da mit ihnen der Frühling heimkehrt.

Der Weißstorch ist ein Zugvogel, der Jahr für Jahr lange Strecken zwischen seinem Brutgebiet und den Winterquartieren in Afrika zurücklegt. Die schwarz-weißen Vögel mit einer Spannweite von etwa 2 m nutzen warme Aufwinde und fliegen, je nach Herkunftsort, verschiedene Routen. Manche verbringen den Winter auch in Spanien, da sie dort ausreichend Nahrung auf Reisfeldern und Mülldeponien finden. Meist kehren die Vielflieger zwischen Mitte März und Ende April zurück an die heimatlichen Horste. In der Natur besiedeln Störche Landschaften mit feuchten Wiesen, Feldern, Flussauen und Gewässern und nisten auf Felsvorsprüngen oder Bäumen. In Siedlungsnähe nutzen sie auch Dächer, Kirchtürme oder Strommasten zum Nestbau. Mehrere Meter hoch und bis zu zwei Tonnen schwer kann ein Horst sein, dem das Storchenpaar jahrzehntelang treu bleibt. Frühjahr für Frühjahr treffen sich dort Storch und Störchin und stärken ihre Bindung, indem sie das Nest gemeinsam ausbessern und vergrößern, bevor sie zu brüten beginnen.

Der Klapperstorch:
Vogel mit typischem Geräusch

In ganz Deutschland brüten etwa zwischen 4500 und 5500 Storchenpaare. Wenn Sie ein Storchennest in Ihrer Nähe kennen, können Sie beobachten, wie die Tiere zu ihrem Namen kamen: Das Storchenpaar begrüßt sich regelmäßig mit Schnabelgeklapper und lässt bei der Balz, aber auch zur Verteidigung gegen Nestkonkurrenten lautes Geklapper hören.

Die Natur breitet ihre Arme für uns aus und lädt uns ein, uns an ihrer Schönheit zu erfreuen.

(Khalil Gibran)

12 »Im Märzen der Bauer die Rösslein einspannt …

… Er setzt seine Felder und Wiesen in Stand. Er pflüget den Boden, er egget und sät …« Das Volkslied beschreibt das bäuerliche Jahr von der Saat bis zur Ernte. Heute werden die landwirtschaftlichen Arbeiten meist mit Getöse und Maschinenkraft ausgeführt, was uns oft den Zauber von Wachsen und Gedeihen vergessen lässt.

Auch der Gartenbesitzer startet mit der Vorbereitung des Bodens, denn ein gesundes Bodenleben ist das A und O eines erfolgreichen Anbaus. Sobald die Erde ausreichend abgetrocknet ist, lockert man die Beete etwa 20 cm tief mit dem Sauzahn oder Kultivator und entfernt grobe Brocken. Haben Sie im Herbst Gründüngung eingesät, wird diese untergearbeitet. Alternativ bringen Sie Hornmehl oder reifen Kompost aus und arbeiten beides mit einer Harke leicht ein. Ziel ist eine gute Krümelstruktur und ein aktives Bodenleben. Dafür ist auch der pH-Wert (Säuregrad) des Bodens ausschlaggebend. Prüfen Sie ihn mit einem Test (Fachhandel). Ist der Wert sehr niedrig und der Boden zu sauer, hilft eine Kalkgabe zum Beispiel mit kohlensaurem Kalk. Kalken Sie mindestens vier Wochen vor dem Düngen, da Kalk die Nährstoffe sofort mobilisiert und diese sonst verloren gehen, bevor die Beete bepflanzt werden. Damit Sie wissen, was Ihr Boden braucht, empfiehlt sich eine Bodenprobe.

So testen Sie Ihren Boden

Auf der Testfläche mit dem Spaten eine spatentiefe, 2 cm dicke Bodenscheibe abstechen und ein etwa 4 cm breites Stück aus der Mitte in einen Eimer geben. Insgesamt 15 solcher Proben von verschiedenen Stellen nehmen. Im Eimer vermischen und 500 g in einen Beutel geben, beschriften und an ein Institut für Bodenproben schicken. Adressen gibt es im Internet.

12

Bereit sein ist viel, warten können ist mehr, doch erst den rechten Augenblick nützen ist alles.

(Arthur Schnitzler)

13 Frühjahrskur für
Holzzaun und Schindeldach

Bevor die Arbeit in Feld und Garten in die Vollen ging, nutzte man einst das zeitige Frühjahr dazu, aus den Holzvorräten diejenigen Stücke auszusortieren, mit denen man schadhafte Zäune erneuern sowie Schäden an Haus, Stall und Scheune ausbessern konnte. Holzschindeln galten als die Dachdeckung des armen Mannes. Holz war meist im Überfluss vorhanden, und die relativ einfache Herstellung war eine willkommene Abwechslung von der Feld- und Stallarbeit. Wie erstaunlich ist in unserer schnelllebigen Zeit die Vorstellung, dass ein Bauer jede Schindel seines Hausdachs selbst angefertigt hat!

Meist wurde Holz von Baumarten, die vor Ort verfügbar waren, zur Herstellung von Schindeln benutzt. Auf steilen Dächern wurden sie früher mit Eichenholznägeln befestigt; in ärmeren Gegenden ging man dazu über, wenig geneigte Dächer zu bauen, auf denen die »Legschindeln« nagellos, nur durch das Beschweren mit Steinen und dicken Holzstangen gehalten wurden. Haus- und Scheunenwände wurden erst dann mit Schindeln verkleidet, als Nägel günstig hergestellt werden konnten. Dann verwendete man das handgefertigte Material immer häufiger als konstruktiven Wetterschutz. Haltbarer als gesägte sind gespaltene Holzschindeln, da beim Spalten der natürliche Faserverlauf des Holzes nicht zerstört wird.

Charmante Holzzäune

Nicht jeder hat ein Haus mit Holzschindeldach, doch wenn Sie den Charme des Einfachen und zeitlos Schönen lieben, sind zum Beispiel Latten- oder Staketenzäune eine gute Wahl für einen ländlich anmutenden Garten. Mit Eichenholzpfosten und Lärchen- oder Esskastanienlatten haben die attraktiven Begrenzungen eine Lebensdauer von etwa 20–25 Jahren.

Schön ist eigentlich alles,
was man mit Liebe betrachtet.

(CHRISTIAN MORGENSTERN)

14 »Alle Vögel sind schon da«:
von Glücksbringern und wichtigen Helfern

Wenn ab März/April die meisten heimischen Singvögel zu brüten beginnen und ein Großteil unserer Zugvögel aus den Winterquartieren zurückkehrt, ist das Frühjahr deutlich auf dem Vormarsch. Stare und Schwalben sind typische Zugvögel, deren Ankunft früher gerade auf dem Land sehnsüchtig erwartet wurde, da man in ihnen Frühlingsboten sah.

Außerdem schleppen etwa Schwalbeneltern über 100 000 Fliegen und Mücken an, bis die Jungschwalben einer Brut ausgewachsen sind – mehr als ein Kilogramm Insekten, das aus Ställen und landwirtschaftlichen Anwesen weggefangen wurde. So wundert es nicht, dass schon in der Antike zum Beispiel die Schwalbe als Glücksbringer galt. Auch andere Singvögel sah und sieht man gern in der Nähe von Haus und Hof brüten. Ein Meisenpaar, das außer Insekten auch Raupen erbeutet, verfüttert pro Brut bis zu 50 Kilogramm Kleingetier. Je mehr unterschiedliche Nistkästen Sie in Ihrem Garten oder am Haus anbringen, umso vielfältiger wird die sich einstellende Vogelschar sein. Neben dem positiven Aspekt für Garten und Natur ist es ein unvergleichliches Erlebnis, den Vogeleltern beim Füttern und den Jungvögeln bei den ersten Flugversuchen zuzusehen.

Ein sicheres Zuhause
für Spatz und Schwalbe

Verschiedene Vogelarten brauchen, je nach Brutverhalten, unterschiedliche Nistkästen. So gibt es Nistkästen für Höhlen- und Halbhöhlenbrüter, Spatzenhäuser, Meisen- und Starenkästen und sogar vorgefertigte Schwalbennester, die an Haus- oder Stallwänden befestigt werden. Oft genügt schon das Anbringen von Nistbrettern als Unterlage für ein Nest. Ein weiteres Brett, etwa 30 cm darunter, verhindert, dass Hauswand oder Fensterbrett verschmutzt werden.

Und plötzlich weißt du: Es ist Zeit,
etwas Neues zu beginnen
und dem Zauber des Anfangs zu vertrauen.

(Meister Eckhart)

15 Blühende, duftende Streuobstwiesen – ein Zuhause für Gartenrotschwanz & Co.

Emsiges Bienengesumm, zarte Blütendüfte, knorrige Stämme und mit Blüten übersäte Zweige – eine blühende Streuobstwiese ist ein Genuss für die Sinne und eine Welt für sich. Geht man doch davon aus, dass bis zu 5000 Tier- und Pflanzenarten einen solchen Lebensraum bevölkern können! Die Kombination aus lichtem, waldartigem Obstbaumbestand mit Wiesen und Weiden ist unter den vom Menschen geschaffenen Biotopen nahezu unschlagbar.

Sonne und Schatten, Blüten und Früchte, Gräser und Bäume bilden einen strukturreichen Lebensraum. Je älter eine Streuobstwiese ist, desto artenreicher und ökologisch wertvoller wird sie. Das liegt am alten Holz ihrer Bäume. Eine Vielzahl von Insektenarten benötigt es als Nahrungs- und Lebensgrundlage. Doch auch größere Tiere wie Steinkauz, Gartenrotschwanz, Grünspecht, der seltene Wiedehopf, verschiedene Fledermäuse, Haselmaus und Siebenschläfer schätzen das reiche »Wohnungsangebot«, d.h. Nischen und Höhlen in den alten Stämmen. Daher sollten Bäume auch dann so lange wie möglich in der Streuobstwiese bleiben, wenn sie immer weniger Früchte tragen oder schon Totholz sind. Neben dem ökologischen Nutzen sind Streuobstwiesen auch ein »Reservoir« für alte Obstsorten. So wird Geschmacksvielfalt auch für nachfolgende Generationen bewahrt.

Alte Apfel- und Birnensorten

Äpfel: 'Altländer Pfannkuchenapfel', 'Ananasrenette', 'Berner Rosenapfel', 'Finkenwerder Herbstprinz', 'Gewürzluiken', 'Himbeerapfel', 'Maunzenapfel', 'Öhringer Blutstreifling', 'Rheinischer Krummstiel', 'Winterbananenapfel'. Birnen: 'Blutbirne', 'Champagner Bratbirne', 'Grüne Jagdbirne', 'Schweizer Wasserbirne', 'Stuttgarter Geißhirtle'.

Das Schöne am Frühling ist, dass er immer dann kommt, wenn man ihn am dringendsten braucht.

(Jean Paul)

16 Höhepunkt im Frühling: Ostern – christliches Fest mit alten Ritualen

Neben dem Pfingstfest ist Ostern das älteste und höchste christliche Fest. Es wird am Sonntag nach dem ersten Frühlingsvollmond gefeiert. Die vorausgehende Fastenzeit ist eine Zeit der Besinnung und der inneren Einkehr, des Loslassens und Sich-Befreiens von unnötigem Ballast. Sie endet mit dem Osterfest, das zum Teil auch heute noch mit Prozessionen, Andachten und Osterfeuern begangen wird.

Osterfeuer, aber auch Ostereier und Osterhase sind womöglich Relikte vorchristlicher Fruchtbarkeitsrituale. Allerdings findet sich der Brauch des Eiersegnens auch schon im christlichen Altertum, wo das Ei, ein heidnisches Symbol für das erwachende Leben, von den Christen als Sinnbild für die Auferstehung Jesu übernommen wurde. Auch praktische Gründe machten das Ei zum beliebten Osterrequisit: Da sich in der Fastenzeit oft große Mengen Eier ansammelten, weil die Hühner zu dieser Zeit besonders gut legen, wurde der Überschuss haltbar gemacht. Hart gekochte und eingelegte Eier wurden auch zur Bezahlung des Pachtzinses verwendet. Übrige Eier verzierte und verschenkte man, nachdem sie in der Kirche geweiht worden waren. Noch heute ist das Verzieren beliebt. Die Techniken reichen vom Färben mit Natur- oder künstlichen Farbstoffen über Verzierungen mit aufgemalten oder gebatikten Mustern bis zum Bekleben mit Spitze und Borten oder getrockneten Pflanzen.

Eier ganz natürlich färben

Mit Zutaten aus Küche und Garten lassen sich Eier ganz natürlich färben. Für gelbe Farbe brauchen Sie Kurkuma oder Kamilleblüten, für Grün Spinat oder Brennnesseln, für Rot Rote Bete oder Malventee, für Braun schwarzen Tee oder Zwiebelschalen, für Blau Heidelbeeren, Holunderbeeren oder Rotkohlblätter.

Mögen Menschen kommen und gehen,
mögen die Glocken läuten und die Kinder schreien –
wir wollen diesen Tag feiern.

(Henry D. Thoreau)

17 Liebenswerte Mitbewohner:
Ein Kaninchen kommt selten allein

Sie sind ganz besonders liebenswerte Frühlingsboten: Wer eine Hasenzucht im Garten hat oder eine solche beim Nachbarn besucht, kann um diese Zeit bald putzige Jungtiere bei ihren ersten Ausflügen beobachten. Insbesondere für Kinder ist es ein großartiges Erlebnis, den langohrigen Nachwuchs aufwachsen zu sehen. Frühzeitig an Menschenhand gewöhnte Hauskaninchen sind robuste Spielgefährten, die auch kleineren Kindern eine spielerische Annäherung an das Thema »Haustier« ermöglichen.

Wahrscheinlich schon in der Antike wurden Wildkaninchen rund um das Mittelmeer eingeführt. Aus ihnen gingen durch Zucht unsere heute bekannten Hauskaninchen hervor. Zu ihnen zählen auch die Stallhasen: Große, als Fleischlieferanten gezüchtete Hauskaninchenrassen. Während man sie früher häufig als »lebenden Fleischvorrat« in kleinen Ställen ohne Auslauf hielt, sollte man den Tieren heute große Gehege zur Verfügung stellen, in denen sie genügend hoppeln und auch graben können. Stallhasen und andere Kaninchen sind gesellige Tiere. Deshalb sollten Sie immer mindestens zwei Tiere gemeinsam halten. Ist kein Nachwuchs erwünscht, sind gleichgeschlechtliche Kaninchen zu bevorzugen, ansonsten müssen Sie für die immer größer werdende Langohrfamilie ausreichend Stallfläche bereithalten.

Hase oder Kaninchen?

Können Sie die »wilden« Verwandten Ihrer Stallhasen erkennen? Lange Ohren, kräftige, lange Hinterbeine, großer, schlanker Körper – das ist ein Feldhase. Kurzohrig, mit kürzeren Hinterläufen, kleinerem, gedrungenem und rundlichem Körper und häufig nicht allein, sondern im Familienverband unterwegs – dann ist es ein Wildkaninchen.

Kleine Freuden sind Blumen
im Teppich des Lebens.

(Unbekannt)

18 Komm, süßer Mai – wenn sich die Natur mit Macht entfaltet

Der Frühling ist niemals schöner als im Wonnemonat Mai. Rund um den Monatsbeginn haben sich, vor allem in ländlichen Regionen, zahlreiche Bräuche erhalten, mit denen man den Frühling und das Wiedererwachen der Natur schon seit jeher feierte.

An erster Stelle steht der Brauch des Maibaum-Aufstellens. Das sind 20–25 m hohe, entastete Bäume bzw. Baumstämme, deren Spitze meist von einem Kranz mit bunten Bändern und der grünen Baumspitze gekrönt ist. Traditionell werden die Bäume am 1. Mai oder in der Nacht davor am Dorfplatz aufgestellt; früher immer von Hand, unter Mithilfe des halben Dorfes und unter großem Spektakel. In manchen Gegenden bleibt der Maibaum nur bis zum Monatsende, in anderen das ganze Jahr über stehen. In der Nacht auf den 1. Mai, der Walpurgisnacht, findet häufig ein »Tanz in den Mai« statt, aber auch das Maibaum-Stehlen ist eine verbreitete Sitte, bei der sich benachbarte Dörfer oder Gemeinden gegenseitig zu überlisten versuchen. Vielerorts war es auch üblich, dass die jungen Männer ihrer Liebsten einen »Maien« vor die Tür oder in den Garten stellten, ein junges Birkenbäumchen, geschmückt mit bunten Bändern.

Kein Maifest ohne Maibowle

1 Bund Waldmeister (3–5 g/1 l Bowle) einige Stunden welken lassen. 1 Flasche trockenen Weißwein in ein Bowlegefäß füllen, Waldmeister an einem Faden hineinhängen, 1 Handvoll Pfefferminz-, Walderdbeer-, Schwarze-Johannisbeer-Blätter und Walderdbeerblüten dazugeben, ½–2 Stunden ziehen lassen. Blätter herausnehmen, 1 in Scheiben geschnittene, ungespritzte Zitrone dazugeben, mit je 1 Flasche trockenem Weißwein und halbtrockenem Sekt oder Prosecco auffüllen. Nach Belieben süßen, kalt stellen.

Heiterkeit oder Freudigkeit ist der Himmel, unter dem alles gedeiht.

(Jean Paul)

19 Frostige Gesellen im Monat Mai – noch brauchen zarte Pflanzen Schutz

Die alte Regel, frostempfindliche Kulturen erst nach Mitte Mai zu pflanzen oder zu säen, hat noch immer ihre Berechtigung. Als »Eisheilige«, »Eismänner« oder »gestrenge Herren« bezeichnet man die letzte mögliche Kälteperiode mit Nachtfrostgefahr um Mitte Mai. Dazu zählen Pankratius (12. Mai), Servatius (13. Mai) und Bonifatius (14. Mai) sowie in Norddeutschland Mamertu (11. Mai), in Süddeutschland die kalte Sophie (15. Mai). Durch die Kalenderreform von 1582 ist jedoch ein Temperatursturz oft erst um den 20. Mai herum zu erwarten.

Früher schützte man Gärten, Äcker und Weinberge zu dieser Zeit, indem man schwelende Feuer entzündete. Deren Rauch legte sich wie Nebel über Kulturen und Triebe und wirkte als Frostschutz. Im Obstbau ist es üblich, Obstbäume bei Frostgefahr mit Wasser zu besprühen: Die Eisschicht hat eine konstante Temperatur von 0 °C und schützt die zarten Blüten vor dem Nachtfrost. Denn selbst wenn wir Menschen noch so sehr auf »Frühling« eingestimmt sind, lässt sich die Natur davon nicht beeindrucken und überrascht uns oft noch einmal mit Kälte. Als Gartenbesitzer greifen Sie im Zweifelsfall zu Vlies und decken empfindliche Pflanzen ab. Dann können Sie auch getrost ab Mitte Mai vorgezogene Gemüse wie Zucchini, Tomaten, Paprika, Auberginen und Knollensellerie sowie die ersten Sommerblumen auspflanzen.

Bauernregeln zu den Eisheiligen

Die Eisheiligen als Wetterpropheten: »Der heilige Mamerz, der hat ein Eis-Herz; Pankratius hält den Nacken steif, sein Harnisch klirrt von Frost und Reif; Servatius' Hund der Ostwind ist – hat schon manch' Blümlein totgeküsst; und zum Schluss, da fehlet nie, die eisigkalte Sophie.«

Und dräut der Winter noch so sehr
mit trotzigen Gebärden, und streut er Eis und
Schnee umher, es muss doch Frühling werden.

(Emanuel Geibel)

20 Weckruf für Langschläfer – jetzt ist der Frühling wirklich da!

Wenn der Frühling schon in vollem Gange ist, erwachen endlich auch die allerletzten »Langschläfer«, unter ihnen ein niedliches Tier, das man aufgrund seiner versteckten und dämmerungsaktiven Lebensweise nur selten zu Gesicht bekommt: die Haselmaus.

Sie ist jedoch gar keine Maus, sondern gehört zur Familie der Bilche oder Schlafmäuse, zu denen zum Beispiel auch der Siebenschläfer zählt. Die (ohne Schwanz) nur ca. 7 cm langen und 15–40 g leichten Haselmäuse sind geschickte Kletterer und halten sich am liebsten in dichtem Gestrüpp auf. Laub- und Mischwälder mit artenreichem Unterwuchs, abwechslungsreiche Waldränder und breite Hecken gehören zu ihren bevorzugten Lebensräumen. Durch strukturreiche Gärten und Hecken mit Wildgehölzen wie Hasel, Weide, Heckenrose und Weißdorn helfen Sie neben anderen Wildtieren auch der putzigen Haselmaus, ihr Überleben zu sichern. Denn dort findet sie Knospen, Blüten, Samen, Früchte, Beeren, Haselnüsse, Eicheln, Bucheckern, Kastanien, aber auch Insekten, Schnecken, Würmer oder Vogeleier. Da sie im Winter nicht genug Nahrung finden, verschlafen Haselmäuse die kalte Zeit und begeben sich zwischen Oktober und April/Mai in den Winterschlaf. Sind also die pelzigen Langschläfer erwacht, ist dies das endgültige Signal für den Einzug des Frühlings.

Schlafquartier für Kobolde

Lassen Sie Nistkästen den Winter über im Garten hängen, vielleicht findet dort auch der ein oder andere Siebenschläfer oder eine Haselmaus eine geschützte Bleibe. Wenn Sie Nistkästen regelmäßig säubern wollen, tun Sie das noch im Spätsommer bzw. frühen Herbst, um mögliche Schlafgäste keinesfalls im winterlichen Traumland zu stören.

Das Glück wohnt nicht im Besitze
und nicht im Golde.
Das Glücksgefühl ist in der Seele zu Hause.

(Demokrit)

21 Pfingsten steht vor der Tür:

Jetzt ist der Sommer nicht mehr weit!

Die Natur zeigt sich zu Pfingsten in neue, frische Pracht gehüllt, der Übergang vom Frühling zum Sommer steht bevor. Während heutzutage 50 Tage nach Ostern vielerorts das christliche Pfingstfest feierlich begangen wird, feierte man in vorchristlicher Zeit den Beginn des Sommers. Viele heute noch bekannte und praktizierte Pfingstbräuche haben wahrscheinlich dort ihre Wurzeln. So wird um diese Zeit meist das Vieh zum ersten Mal auf die Weide getrieben, wobei man das schönste Tier besonders herausputzt und schmückt – den Pfingstochsen.

In Nordrhein-Westfalen wird die »Pinksteblom« (Pfingstblume), der Ginster mit seinen leuchtend gelben Blüten, von der »Pinkstebrut« (Pfingstbraut) auf ihrem Gang durchs Dorf getragen. In zahlreichen Bauerngärten entfalten termingerecht zum Pfingstfest prachtvolle Pfingstrosen, die nach dem Feiertag benannt wurden, ihre opulenten, leuchtenden Blüten.

Ähnlich wie andernorts die Nacht auf den 1. Mai gilt in vielen Regionen die Nacht auf den Pfingstmontag als »Unruhnacht«, in der junge Leute durchs Dorf ziehen und allerlei Schabernack treiben, was ursprünglich einmal als Austreiben böser Geister begonnen hatte.

Zauberhafte Pfingstrosen

Möchten Sie Ihren Garten zu Pfingsten besonders »herausputzen«, dürfen Pfingstrosen nicht fehlen: Paeonia lactiflora 'Claire de Lune', April/Mai, einfach, zartgelb; P. officinalis 'Rosea Plena', Mai/Juni, gefüllt, rosa; P. officinalis 'Rubra Plena', Mai/Juni, gefüllt, dunkelrot; P. officinalis 'Alba Plena', Mai/Juni, gefüllt, weiß; P. lactiflora 'Bowl of Beauty', Mai/Juni, einfach, karminrosa, cremefarbene Staubgefäße; P. lactiflora 'Sarah Bernhardt', Juni, gefüllt, hellrosa.

Die ganze Natur ist eine Melodie,
in der eine tiefe Harmonie verborgen ist.

(Johann Wolfgang von Goethe)

22 Schutz für Haus und Hof:
heiliger Holunderstrauch

Überziehen blühende Holundersträucher die Landschaft, ist es, als hätte Frau Holle ihre Betten ausgeschüttelt. Vorbild für die Gestalt der Frau Holle aus dem grimmschen Märchen war möglicherweise eine Göttin aus der germanischen Mythologie, Holla oder Hulda genannt. Sie war einerseits eine Göttin des Winters und des Todes, andererseits sorgte sie für das Sprießen frischen Grüns im Frühling und schenkte Überfluss und Fülle.

Der Holunder war ihr heiliger Strauch; man pflanzte ihn als Hausbaum, und noch heute kann man sich behütet fühlen, wenn man unter einem blühenden Holunderstrauch sitzt. Außerdem galt Schwarzer Holunder *(Sambucus nigra)* als die »Hausapotheke« der Bauern. So verhilft ein Tee aus den Blüten bei einer Erkältung kräftig zum Schwitzen; der warme Beerensaft stärkt die Abwehrkräfte. Holunderblütensekt, -limonade, -sirup und -likör erfrischen im Frühsommer, während man sich ab September die Früchte als Kompott oder Gelee oder »Fliederbeersuppe« schmecken lassen kann. Wichtig: Holunderfrüchte immer ausreichend lange erhitzen, rohe Beeren sind in größeren Mengen gesundheitsschädlich.

Köstliche Hollerkücherl

15 Blütendolden mit Stiel waschen und abtrocknen lassen. 2 Eier trennen, Eiweiß steif schlagen. Dotter mit 3 EL Zucker schaumig schlagen. 1 Päckchen Vanillezucker, 125 g Mehl, 125 ml Milch und 100 ml helles Bier dazugeben und alles zu einem glatten Teig rühren. Das Eiweiß unter den Teig heben. Frittierfett oder Kokosfett auf 190 °C erhitzen. Dolden am Stiel in den Teig tauchen, etwas abschütteln und im heißen Fett knusprig backen. Auf Küchenpapier abtropfen lassen und noch heiß mit Puderzucker bestäuben.

Die Schönheit der Dinge lebt
in der Seele dessen, der sie betrachtet.

(DAVID HUME)

23 Die Farben der Natur:

Färberpflanzen wieder entdecken

Viele Dinge, die man heute einfach fertig kauft, wurden früher selbst angefertigt, oft in aufwendiger und langwieriger Arbeit, andererseits aber auch mit der wohltuenden Befriedigung über ein selbst gemachtes »Werk«. So ist es auch mit farbiger Wolle, die man zu farbenfrohen Pullovern, Socken, Mützen oder Schals weiterverarbeiten kann.

Früher verlieh man Schafwolle mit speziellen Pflanzenfarben und weiteren Zusatzstoffen Farbe. Heute ist leider viel Wissen um die Färberpflanzen in Vergessenheit geraten. Zum Glück gibt es jedoch immer wieder Färbebegeisterte, die alte Rezepte ausprobieren und neue Rezepturen erproben. Denn das Färben mit Pflanzen hat schon immer etwas Geheimnisvolles an sich, nicht zuletzt, weil die sich ergebenden Farbtöne stark variieren können. Oft hatten die alten Färbermeister ihre individuellen Rezepte, die sie eifersüchtig hüteten. Traditionelle, einheimische Färberpflanzen sind Färberwaid *(Isatis tinctoria)* und Heidelbeeren *(Vaccinium myrtillus)* zum Blaufärben, Krapp *(Rubia tinctorum)* und Preiselbeeren *(Vaccinium vitis-idaea)* zum Rotfärben, Färberwau *(Reseda luteola)*, Färberscharte *(Serratula tinctoria)* und Kreuzdorn *(Rhamnus catharticus)* zum Gelbfärben.

Gelb färben mit Zwiebelschalen

1 kg Wolle 1 Stunde in Alaunbeize (Dosierung nach Anleitung) köcheln lassen. Zwiebelschalen in einem Topf mit Wasser bedeckt ca. 1 Stunde langsam aufkochen. Abkühlen lassen, abseihen. Wolle in die abgekühlte Zwiebelbrühe legen, langsam erhitzen und ca. 1 Stunde sanft kochen, dabei Wollfasern vorsichtig bewegen. Dann Wolle an der Luft ausbreiten und trocknen lassen. Zum Schluss in klarem Wasser mit etwas Essigessenz ausspülen und abermals trocknen lassen.

Die Farbe ist die letzte Kunst, die uns noch immer mystisch ist und bleiben muss und die wir auf eine wunderlich ahnende Weise wieder nur in den Blumen verstehen.

(Phillip Otto Runge)

24 Heuduft liegt in der Luft: sommerliches Erntegut

Der Duft nach frischem Heu ist für viele der Inbegriff des Sommers. Die Heuernte läuft heute maschinell ab, doch »Heuhotels« sind in manchen Regionen eine Touristenattraktion. Früher hingegen war das Heumachen eine schweißtreibende Angelegenheit, für die unsere Großeltern und Urgroßeltern größten Respekt verdienen. Denn nur wer genug Heu hatte, konnte sein Vieh im Winter ernähren.

Viele Arbeitsschritte waren nötig, bis das duftende Heu eingefahren werden konnte: morgendliches Grasmähen, oft in Handarbeit mit der Sense. Dann wurde das Schnittgut mit der Heugabel auseinandergestreut, mehrmals täglich gewendet und über Nacht wieder zu Schwaden (Reihen) zusammengerecht. So verfuhr man drei bis fünf Tage lang. War es trocken, wurde es erneut zu Schwaden gerecht und nicht selten mehrere Meter hoch auf den Heuwagen geladen. Am Hof wurde das Erntegut auf den Heustock gegabelt, wo oft die Kinder das lose Heu verteilen und fest treten mussten. Entscheidend für die Qualität des Heus war und ist der Erntezeitpunkt. Ein guter Termin für die erste Heuernte war traditionell um den Johannistag (24. Juni) herum. Im Hochsommer erntete man in einem zweiten Schnitt das Grummet. Während Heu faser- und kohlehydratreiche Gräser bis zur ersten Blüte und frühsommerliche Wiesenblumen enthält, ist Grummet kürzer, enthält mehr Kräuter und ist eiweiß- und nährstoffreich.

Bauernregeln zur Heuernte

Eine gute Heuernte stand und fiel mit dem Wetter bzw. dem richtigen Erntezeitpunkt: »Johanni trocken und warm macht den Bauern nicht arm.« Heu von guter Qualität war schön trocken, luftig und locker: »Unter einem Fuder Heu erstickt keine Maus.«

Düfte sind wie die Seele der Blumen. Man kann sie fühlen, selbst im Reich der Schatten.

(Joseph Joubert)

25 Der Sommer auf dem Höhepunkt:
Sonnwendfeuer und Beginn der Ernte

Am 24. Juni feiert die katholische Kirche die Geburt Johannes' des Täufers, während bei der Bevölkerung eher Bräuche aus vorchristlicher Zeit lebendig sind, die sich eigentlich um die Sommersonnenwende (21. Juni), den längsten Tag des Jahres, drehen und kurzerhand »verlegt« wurden. Dazu gehören die Johannis- oder Sonnwendfeuer, die in der Nacht vor dem Johannistag noch vielerorts entzündet werden. Einst sollten damit böse Geister und Dämonen vertrieben und die Kraft der Sonne insbesondere für die beginnende Erntesaison beschworen werden.

Verschiedene Pflanzen und Kräuter spielen im Brauchtum rund um den Johannistag eine wichtige Rolle, allen voran das Johanniskraut *(Hypericum perfoliatum)*. Es ist schon seit Langem von großer Bedeutung als Volksheilpflanze und soll, um den Johannistag herum gesammelt, besondere Heilkraft besitzen und insbesondere im späten Herbst mit seiner »Sonnenkraft« die aufkeimende Winterdepression vertreiben. Aus Johanniskraut wird auch das leuchtend rote »Johannisöl« hergestellt, welches wund- und hautpflegend bei Verbrennungen und Verletzungen wirkt. Auch Beifuß *(Artemisia vulgaris)* zählte zu den Sonnwendkräutern; am Höhepunkt des Festes sprang man mit einem aus Beifußzweigen geflochtenen Gürtel übers Feuer. Damit wollte man sich von allem Bösen und allen Krankheiten befreien.

Kostbares Johannisöl:
Helfer für allerlei Wunden

1 Handvoll zerkleinerte Triebspitzen mit Blüten in ein Schraubglas geben, mit kalt gepresstem Pflanzenöl, etwa Olivenöl, übergießen, bis alle Pflanzenteile bedeckt sind. Verschlossen an der Sonne ziehen lassen, gelegentlich schütteln, nach ca. sechs Wochen abgießen. Dunkel und kühl aufbewahren.

In dir muss brennen, was du in anderen entzünden willst.

(Aurelius Augustinus)

26 Vielfältige Bauerngärten:
lebendiges, buntes Miteinander

Ein Bauerngarten mit formalen Buchshecken, klar gegliederten Beeten mit einer üppigen Mischung aus Blumen, Gemüse und Kräutern, vielleicht noch mit einer historischen Rose, lässt das Herz jedes Gartenliebhabers höher schlagen!

Doch wie sieht der typische Bauerngarten aus? Bis Anfang des 20. Jahrhunderts verstand man darunter ländliche Gärten ohne feste Gestaltungsmerkmale. Allerdings gab es schon um das Jahr 800 eine Liste von Karl dem Großen mit über 100 Pflanzenarten – Gemüse, Zierpflanzen, Obstbäume, Kräuter –, die in einem Garten wachsen sollten. Über die Gestaltung wurde nichts gesagt. Die Gärten der Bauern folgten zu jener Zeit eher Nutzaspekten als Gestaltungsidealen. Erst mit zunehmendem Wohlstand bekam auch der Garten im ländlichen Umfeld repräsentativen Charakter. Man orientierte sich an mittelalterlichen Klostergärten, von denen man das Wegekreuz mit einem Pflanzenrondell oder Brunnen in der Mitte übernahm. Als gegen Ende des 17. Jahrhunderts die französische Gartengestaltung nach Versailler Vorbild in Mode kam, mit Beeteinfassungen aus niedrigen Buchshecken und streng geometrischer Anordnung der Beete, übernahm man auch das. So entstand der Bauerngarten, wie wir ihn heute kennen.

Lebenslanges Glück im Garten

Der Garten, insbesondere der Bauerngarten, kann hervorragend als Ort der Sinn bringenden Beschäftigung mit der Natur fungieren. Folgende Weisheit drückt dies aus: »Wer einen Tag lang glücklich sein will, der betrinke sich. Wer einen Monat lang glücklich sein will, der schlachte ein Schwein und esse es auf. Wer ein Jahr glücklich sein will, der heirate. Wer ein Leben lang glücklich sein will, der werde Gärtner.«

Gärten sind wie gute alte Freunde. Sie können trösten, beglücken, versöhnen, begeistern.

(Unbekannt)

27 Vielseitige Ringelblumen:
gelborangene Gartenzierde

In kaum einem Bauerngarten fehlen sie, die leuchtend gelben oder orangefarbenen Dauerblüher, die von Juni bis zu den ersten Frösten für Farbe im Garten sorgen. Kein Wunder, gilt die Ringelblume (Calendula officinalis) doch schon seit Langem als bewährte Heilpflanze in der Volksheilkunde.

So hatte man zum Beispiel immer ein Töpfchen Ringelblumensalbe parat, die zur Hautpflege und bei Verletzungen benutzt wurde. Früher erwärmte man dazu die Blüten mit Schweinefett, heute greift man auf Pflanzenöl oder Melkfett zurück. Auch in der Küche waren die schönen Blumen beliebt: als Färbemittel, das Brot-, Kuchen- und Nudelteig sowie Butter und Käse gelbe Farbe verlieh. So verschaffte man sich in der ländlichen Küche einen preisgünstigen Ersatz für den wesentlich teureren Safran. Auch als essbare Dekoration auf Salaten oder zur Zubereitung einer Blütenbutter eignen sich Ringelblumenblüten hervorragend. Im Brauchtum verwendete man sie als Orakelpflanzen. »Er liebt mich, er liebt mich nicht« ist eine fast jedem bekannte Gepflogenheit, das Schicksal in Liebesdingen zu befragen. Auch als Wetterprophet musste die Pflanze herhalten. Begannen sich ihre gelben Blüten mitten am Tag zu schließen, prophezeite das angeblich ein bald heraufziehendes Unwetter.

Heilendes Ringelblumenöl

1 Handvoll frische Blüten in ein Schraubglas geben, mit kalt gepresstem Pflanzenöl übergießen, bis alles bedeckt ist. Verschlossen sechs Wochen lang an der Sonne ziehen lassen und abgießen. Anschließend dunkel und kühl aufbewahren. Schlecht heilende Wunden, Verletzungen, Verbrennungen, Ausschläge äußerlich damit behandeln. Wirkt wundheilend, entzündungshemmend und hautberuhigend.

Blumen machen die Menschen fröhlicher, glücklicher und hilfsbereiter. Sie sind der Sonnenschein, die Nahrung und die Medizin für die Seele.

(Luther Burbank)

28 Altehrwürdige Gestalten: urwüchsige, mächtige Bäume

Der Brauch, im Zentrum des Dorfs einen frei stehenden Baum zu pflanzen, unter dessen Blätterdach man sich versammeln und gemeinsam feiern kann, hat vielleicht keltische oder germanische Wurzeln, da diese Völker Bäume ganz besonders verehrten.

Insbesondere Linden, die ein hohes Alter – manchmal 1000 Jahre – erreichen können, wurden oft als Dorfbäume gepflanzt. Da Linden relativ schnittverträglich sind, half man nicht selten durch entsprechende Schnittmaßnahmen nach, um eine breit ausladende Krone zu erhalten, unter der sich das ganze Dorf zum Tanz treffen konnte. Aber auch andere Bäume finden sich noch heute im Zentrum von so manchem Dorf, an Kapellen, markanten Punkten in der Landschaft oder an alten Gehöften. Da gibt es ehrwürdige Buchen, knorrige Eichen, riesige Kastanien und so manchen alten Obstbaum. Beim Anblick solcher »Baumpersönlichkeiten« fühlt man sich als Mensch nicht selten geradezu andächtig. Neben mehrere Hundert Jahre alten Linden findet man auch Buchen oder Rosskastanien, die bis zu 300 Jahre alt werden können. Ebenso ist die Tradition, einen Hausbaum zu pflanzen, nach wie vor lebendig. Man sollte ihn sorgfältig auswählen – schließlich kann uns ein Baum im günstigsten Fall ein ganzes Leben lang begleiten.

Ein schützender Hausbaum

Für kleinere Grundstücke eignen sich Obstbäume oder Kupfer-Felsenbirne (Amelanchier lamarckii), Apfeldorn (Crataegus × lavallei 'Carrierei'), Rotdorn (Crataegus laevigata 'Paul's Scarlet'), Tulpen-Magnolie (Magnolia × soulangeana), Kugel-Spitzahorn (Acer platanoides 'Globosum'), Zierapfelsorten (zum Beispiel die Malus-Hybride 'Hillieri') oder Nelkenkirsche (Prunus serrulata 'Kanzan').

28

Monde und Jahre vergehen, aber ein schöner Moment leuchtet das Leben hindurch.

(Franz Grillparzer)

29 Beeren von süß bis sauer – alles, was der Garten zu bieten hat

Sommerzeit ist Beerenzeit, und der Garten wird zum süßen Domizil für Naschkatzen und Leckermäuler! Haben Sie die richtigen Arten und Sorten gepflanzt, ist Ihnen ein langer Beerensommer garantiert.

Ende Mai/Anfang Juni machen Maibeeren oder Sibirische Blaubeeren den Anfang, gefolgt von Garten- und Monatserdbeeren. Nach der Erdbeersaison beginnen die ersten Johannisbeeren zu reifen. Besonders süß schmecken weißfrüchtige Sorten, angenehm säuerlich die Roten und herb-sauer die Schwarzen Johannisbeeren. Dann locken Stachelbeeren, Jostabeeren, Himbeeren, Brombeeren und Kulturheidelbeeren mit ihren wohlschmeckenden Früchten. So macht Selbstversorgung richtig Spaß und wird zum fruchtigen Genuss pur. Damit Beeren auch »beerig« gedeihen, sollten Sie für einen arten- und strukturreichen Garten sorgen, damit immer ausreichend bestäubende Bienen zur Stelle sind. Mai-, Johannis-, Stachel- und Jostabeeren bilden mehr Früchte, wenn Sie zwei verschiedene Sorten pflanzen, die sich gegenseitig befruchten. Mit einer reichen Beerenernte beschenkt uns die Natur in Hülle und Fülle. Ganz besonders wird einem das bewusst, wenn man Marmelade einkocht und so die Süße des Sommers für kalte Wintertage »konserviert«.

Die leckersten Beeren

Maibeere: 'Morena', 'Amur'. Mehrmals tragende Erdbeere: 'Sweet Marathon', 'Ostara'. Rote Johannisbeere: 'Rovada', 'Rondom'. Schwarze Johannisbeere: 'Titania', 'Ometa'. Rote Stachelbeere: 'Remarka', 'Pax' (fast stachellos). Gelbe Stachelbeere: 'Hinnonmäki'. Grüne Stachelbeere: 'Invicta'. Sommertragende Himbeere: 'Elida', 'Rubaca'. Herbsttragende Himbeere: 'Autumn Bliss', 'Himbotop'. Heidelbeere: 'Duke', 'Bluecrop'.

Das Glück ist keine wild wachsende Pflanze, die wie das Unkraut in den Gärten von selbst erscheint: Es ist eine köstliche Frucht, der man viel Pflege zuwenden muss.

(Nicolas Edme Rétif de la Bretonne)

29

30 Sommerliche Nostalgie – von Blüten durchsetzte Wiesen und Felder

Lange bestimmten in vielen Regionen im Frühling und Sommer blühende Wiesen voll farbenprächtiger Blumen und Felder mit Kräutern das Bild unserer Landschaft. Kinder und Erwachsene pflückten Sträuße, und zu Ostern kamen Butterblumen und Himmelsschlüssel, im Sommer Margeriten, Kornblumen und Mohn in der Vase auf den Tisch.

Der Strukturwandel in der Landwirtschaft hat leider dazu geführt, dass bunte Blumenwiesen selten geworden sind und damit auch die Artenvielfalt in der Landschaft abnimmt. Wiesen und Weiden wurden größtenteils in sogenannte »Fettwiesen« mit nur wenigen Pflanzenarten umgewandelt, auf denen allenfalls im Frühjahr noch der Löwenzahn blüht. Aus den Getreidefeldern sind die bunten »Beikräuter« zugunsten eines höheren Ertrags nach und nach verschwunden. Wo finden wir also noch wild wachsende, bunte Blumen? Um den Pflanzen und den an sie angepassten Tierarten auch auf landwirtschaftlich genutzten Flächen wieder Lebensraum zu bieten, werden in einzelnen Bundesländern Ackerrandstreifenprogramme gefördert. Dabei werden mindestens 2 m breite Streifen entlang von Feldern ohne den Einsatz von Pestiziden bewirtschaftet, und es wird eine spezielle Blühmischung ausgesät, oder der Randstreifen wird mit Wildsträuchern und Bäumen bepflanzt.

Bienen- und Hummelglück

Wollen Sie im eigenen Garten Ackerwildkräutern ein Refugium bieten, ist dies auf Dauer in einer Rasenfläche oft schwierig. Besser gelingt es, wenn Sie ein eigenes Beet für die Blumenpracht reservieren. Dort können Sie Blühmischungen oder aber auch direkt zum Beispiel Klatschmohn, Kornblumen, Kamille, Färberkamille und Wegmalven aussäen.

30

Blumen sind das Lächeln der Erde

(Ralph Waldo Emerson)

31 Emsige Blütenbesucher
und Honigproduzenten

Kein Gang durch den sommerlichen Garten ohne Bienengesumm. Neben vielen Wildbienenarten sind Honigbienen entscheidend daran beteiligt, dass Obstbäume und Gemüsepflanzen bestäubt werden und Früchte tragen. Damit hängt unsere Ernährung in großem Maß von den pelzigen Insekten ab, und das derzeitige Bienensterben, dessen Ursachen noch nicht ganz geklärt sind, bedroht Mensch und Natur.

Heute entdecken wieder zunehmend mehr Menschen ihr Herz für die Imkerei. Dabei produziert ja nicht der Imker, sondern das Bienenvolk den Honig, um im Winter damit die Brut zu füttern. »Erntet« der Imker im Spätsommer die süße Pracht, muss er zum Ausgleich die Bienen mit anderem Futter versorgen. Schon seit Jahrtausenden werden Bienen wegen ihrer Produkte wie Wachs und Honig vom Menschen genutzt. Die ältesten europäischen Nachweise dafür finden sich auf etwa 12 000 Jahre alten spanischen Felsmalereien. Sie zeigen, wie Menschen wilde Bienenstöcke in hohlen Bäumen ausplündern. Später platzierte man ausgehöhlte Baumstämme im Wald und erntete aus diesen, sobald sich Bienenvölker darin niedergelassen hatten, den Honig. Noch im Mittelalter kannte man den Beruf des »Zeidlers«, der eine Art Pacht an den Waldbesitzer bezahlte, um dort seine Bienenstöcke oder -körbe aufstellen zu dürfen.

Hausmittel bei Bienenstichen

Honigbienen sind eigentlich friedliche Tiere, fühlen sie sich jedoch bedroht, kann es zu einem unangenehmen Zwischenfall kommen. Wurden Sie von einer Biene gestochen, versuchen Sie zuerst, den Stachel zu entfernen. Kühlung verschafft Linderung: Kalte Umschläge mit Essigwasser, Kühlgels oder Zwiebelsaft helfen. Bei Allergien sofort einen Arzt aufsuchen.

Was dem Schwarm nicht nützt,
das nützt auch der einzelnen Biene nicht.

(Marc Aurel)

32 Hühner: fleißige Eierlieferanten
und unkomplizierte Gartenbewohner

Gackernde, im Sand scharrende Hühner und ein stolzer krähender Hahn gehören seit jeher zum Landleben. Nimmt man sich die Zeit, das Treiben einer solchen Hühnerschar eine Weile zu beobachten, hat ihr Anblick schon nach kürzester Zeit eine nicht geahnte meditative Wirkung.

Das Verhalten der Tiere bietet immer wieder Überraschungen, und einzelne Aktionen der »verrückten Hühner« bringen auch den Hartgesottensten zum Schmunzeln. Darüber hinaus sind Hühner pflegeleicht und anpassungsfähig, und ihre Haltung war früher auch für die ärmere Landbevölkerung erschwinglich. Man fütterte die gackernde Schar mit Getreide, Garten- und Küchenabfällen; Käfer, Raupen und andere Insekten suchten sie sich selbst. Im Gegenzug versorgten sie ihren Besitzer regelmäßig mit frischen Eiern, und ab und zu landete ein Huhn im Suppentopf oder Bratrohr. Auch heutzutage entdecken wieder mehr Menschen die private Hühnerhaltung im Garten als vergnüglichen Zeitvertreib und Beitrag zur Selbstversorgung. Um selbst glückliche Hühner zu halten, benötigt man nur ein Hühnerhaus, um die Tiere über Nacht fuchs- und mardersicher unterzubringen, und einen umzäunten Auslauf, wo das Federvieh scharren und auch mal ein Sandbad nehmen kann.

»Rent-a-Huhn«:
Patenhühner statt Hühnerhaltung

Wollen Sie gesunde Eier essen, aber dennoch nicht gleich eigene Tiere anschaffen? Gelegentlich bieten verschiedene Initiativen oder auch Bauernhöfe ihren Kunden an, »Hühnerpate« einzelner Tiere zu werden. Gegen ein festgelegtes Entgelt können Sie dann regelmäßig Eier »Ihres« Huhns beziehen und es nach Lust und Laune auch besuchen und beobachten.

Jeder Tag ist ein neuer Anfang.

(George Eliot)

33 Geweihte Kräuter
aus der Apotheke der Natur

Unmerklich werden die Tage wieder kürzer, doch noch ist die Kraft der Sonne deutlich spürbar, sie wärmt Seele und Gemüt und macht Lust, sich noch möglichst viel im Freien aufzuhalten. Für das Sammeln heilkräftiger Kräuter ist jetzt die beste Zeit.

In vielen Gegenden, in denen die katholische Kirche Mariä Himmelfahrt (15. August) feiert, hat sich etwa seit dem 9. Jahrhundert der Brauch erhalten, an diesem Tag die sogenannten Kräuterbuschen im Rahmen eines Gottesdienstes weihen zu lassen. Zu Hause werden die Sträuße im »Herrgottswinkel« aufgehängt. Drohten früher Blitz und Unwetter, warf man zum Schutz ein paar Kräuter aus dem Buschen ins offene Feuer. Erkrankten Mensch und Tier, bereitete man einen Tee aus den geweihten Kräutern bzw. mischte sie dem Vieh unters Futter; und unter das Kopfkissen gelegt, sollen sie das Eheglück erhalten. Je nach Region sammelte man verschiedene Arten, fast immer vertreten waren Johanniskraut, Kamille, Thymian, Baldrian, Ringelblume, Oregano, Wermut, Beifuß, Alant, Schafgarbe, Rainfarn, Eisenkraut, diverse Getreidearten und eine Königskerze im Zentrum. Auch die Anzahl der Kräuter war vorgeschrieben, es konnten 7, 9, 12, 14, 24, 72 oder sogar bis zu 99 verschiedene Arten sein! Sammeln Sie für Ihren Buschen Kräuter aus Ihrer Umgebung, die Sie gern mögen. Vielerorts gibt es auch Kurse von Kräuterkundigen.

Kräuterbuschen binden

Mit einer Königskerze als Mittelpunkt beginnen und seitlich die einzelnen Kräuter und Pflanzen absteigend nach Größe gestaffelt so rundherum drapieren, dass sich die Pflanzenstiele regelmäßig überkreuzen. Am Schluss Stiele mit Schnur oder Band umwickeln und auf eine handliche Länge zuschneiden.

Tradition ist nicht das Halten der Asche,
sondern das Weitergeben der Flamme.

(Thomas Morus)

34 Auf zur Fahrt ins Blaue:
weithin leuchtende Leinfelder

Bis weit in das 18. Jahrhundert hinein war Lein oder Flachs, eine der ältesten Kulturpflanzen der Welt, auch bei uns neben Wolle eine der gebräuchlichsten Textilfasern. Im Mittelalter kam es zu einer regelrechten Blütezeit des Leins in Europa.

In Deutschland war der Flachsanbau weit verbreitet. Teilweise leuchteten ganze Landstriche himmelblau, wenn zwischen Juni und August die Leinfelder in Blüte standen, und angeblich wurde damals auch der Begriff von der Fahrt »ins Blaue« für einen Ausflug ohne konkretes Ziel geprägt. Durch Einweichen, mehrmaliges »Brechen« und »Hecheln« (durch einen Eisenkamm ziehen) wurden die Pflanzenstängel in ihre Fasern zerlegt, letzte holzige Teile entfernt und so der Reinflachs gewonnen. Dieser konnte nun zu Garn gesponnen und vom Leinenweber zu »Linnen« (Leinengewebe) verarbeitet werden. Etwa um 1950 herum kam der Leinanbau in Westdeutschland allerdings endgültig zum Erliegen, da importierte Baumwolle, die sich leichter färben lässt als Leinen, und schließlich synthetische Fasern dem Flachs den Rang abliefen. Ein ganzer Erwerbszweig und mit ihm das handwerkliche Geschick zahlreicher Menschen, die darin arbeiteten, ging verloren. Hält man heute noch ein Stück altes Leinen in Händen, vermag man nur zu ahnen, wie aufwendig seine Herstellung einst war.

Bauernregeln zum Lein

Den besten Aussaat-Termin für den Lein versuchte man mithilfe verschiedener Bauernregeln zu bestimmen: »Kalte Sophie (15. Mai) sät Lein, zu gutem Gedeihn« oder »Lein, gesät an Esthern (24. Mai), wächst am allerbesten«. Auch die Qualität der Flachsernte ließ sich voraussagen: »Ist es klar an Petronell (31. Mai), messt den Flachs ihr mit der Ell'.«

In Ruhe Wurzeln schlagen kann nur,
wer aufhört, sich ständig umzuschauen
und herumzuziehen.

(Lucius Annaeus Seneca)

35 Vielfältige, tolle Knollen:
Kartoffeln – lecker und anspruchslos

Während früher Kartoffeln als »Arme-Leute-Essen« galten und sich die arme Landbevölkerung oft fast ausschließlich von ihnen ernährte, zählen Kartoffeln heute zu den beliebtesten einheimischen Gemüsen.

Kartoffeln sind für Garten und Küche ein Segen. Die tolle Knolle ist außerordentlich gesund, denn sie ist reich an Vitamin B_1, B_2 und C. Außerdem sind die Pflanzen relativ anspruchslos und gedeihen auf den meisten Böden. Je nach Sorte ist ihre Reifezeit unterschiedlich: Frühkartoffeln können bereits nach drei Monaten geerntet werden. Setzt man sie – geschützt durch Frostschutzfolien und -vliese – schon im März, kann die erste Ernte Ende Juni bis Anfang Juli erfolgen. Mittelfrühe Sorten, zur selben Zeit gesetzt, brauchen vier bis viereinhalb Monate Reifezeit, kommen also im August aus dem Boden. Spätkartoffeln benötigen fünf bis sechs Monate, sind also erst im September erntereif. Früher kamen Kartoffeln allerdings nicht vor April/Mai in den Boden, man wartete die Eisheiligen ab. Traditionell kultivierte man zwar hauptsächlich spät reifende Kartoffeln, dennoch herrschte eine große Sortenvielfalt. Manche sind in Vergessenheit geraten, andere erleben eine Renaissance. Köstlich im Geschmack sind etwa ‘Bamberger Hörnchen’, ‘Blauer Schwede’, ‘La Ratte’, ‘Vitelotte’, ‘Rosa Tannenzapfen’ oder ‘Highland Burgundy Red’.

Kartoffel-Stempel basteln

Möglichst große Kartoffeln waschen, abtrocknen und halbieren. Backförmchen auf die Schnittfläche setzen, Motiv mit Stift nachzeichnen und ausschneiden. D.h., die Fläche, die abgedruckt werden soll, erhaben stehen lassen und alle Flächen, die nicht mit Farbe in Berührung kommen sollen, tief genug abschneiden. Trocknen lassen, mit Farbe bestreichen – los geht's!

Vergiss nicht – man braucht nur wenig,
um ein glückliches Leben zu führen.

(Marc Aurel)

36 Faszinierende Eulen:
lautlose Mäusejäger und Symbole der Weisheit

Nicht erst seit dem Boom der Harry-Potter-Bücher sind Eulen, die in der Nähe des Menschen leben, ins Blickfeld gerückt. Während die Greifvögel wegen ihrer nächtlichen Lebensweise bis vor nicht langer Zeit als unheimlich, als Begleiter von Hexen oder als Boten des Todes galten, wurden sie in der Antike als Vögel der Weisheit und Begleiter der Göttin Athene verehrt, galten als Glücksbringer und Hofwächter.

Sollte auch in Ihrem Haus- oder Scheunendach solch ein lautloser Nachtjäger leben, nutzen Sie die Gelegenheit zur Beobachtung dieser großartigen Tiere! Nicht zuletzt erweisen viele Eulenarten auf dem Land dem Menschen sogar einen Dienst, indem sie Unmengen von Mäusen erbeuten und verspeisen. Insbesondere die Schleiereule, leicht an ihrem herzförmigen Geschichtsschleier und den dunklen Augen zu erkennen, hat schon seit dem Mittelalter die Nähe menschlicher Behausungen zu ihrem bevorzugten Umfeld erkoren. Die eleganten Vögel mit 90–100 cm Spannweite brüten am liebsten an ungestörten, dunklen Stellen in Scheunen und auf Heuböden, auf Dachböden oder in Kirchtürmen. Dort verbringen sie ihre Tage. Aktiv und auf Jagd sind sie nur bei Nacht. Fühlen sie sich an ihrem Tagesdomizil gestört, nehmen sie eine Tarnhaltung ein und drücken sich mit zusammengekniffenem Schleier in eine Nische.

Ein Schlupfloch für die Eule

An Gebäuden wie etwa Scheunen oder Ställen kann man für Einflugsöffnungen an passenden Stellen sorgen. Bewährt haben sich auch speziell konstruierte Schleiereulenkästen, die direkt hinter den Flugöffnungen im Gebäude angebracht werden. Im Morgengrauen überrascht man dann gelegentlich eine Eule bei der Heimkehr von ihrem nächtlichen Beutezug.

Zufriedenheit ist der Stein der Weisen,
der alles in Gold verwandelt, was er berührt.

(Benjamin Franklin)

36

37 Ein Fest für Hirten und Vieh:
Rückkehr aus der Sommerfrische

Wahrscheinlich schon so lange, wie Menschen Weidetiere als Nutzvieh halten, zogen sie mit diesen über den Sommer dem frischen Gras hinterher. In Süddeutschland hat sich daraus die Almbewirtschaftung entwickelt, doch auch in Mitteldeutschland wird das Vieh im Frühsommer auf saftigere Wiesen getrieben, und im Norden dürfen Vieh und Schafe zum Beispiel auf Inseln »übersommern«.

Rund 100 Tage, von Juni bis etwa Mitte/Ende September, dauern die »Sommerferien« für Rinder, Pferde, Schafe und Ziegen im Alpenraum. Meist werden die Tiere verschiedener Besitzer gemeinsam aufgetrieben und gehütet und am Ende des Sommers wieder auseinandersortiert. Da das Sommerdomizil insbesondere in den Alpen nicht ohne Gefahren ist, wird die gesunde Rückkehr von Vieh und Hirten vielerorts gefeiert. Die Tiere werden mit Blumen, Girlanden und bunten Bändern geschmückt, erhalten häufig einen kunstvollen Kopfschmuck und tragen Glocken und Spiegel, um die bösen Geister abzuschrecken. Das schönste und größte Tier wird besonders herausgeputzt und geht vorneweg. Neben Jungvieh dürfen auf den sogenannten »Sennalmen« auch Milchkühe in die Sommerfrische. Ihre Milch wird gleich vor Ort zu Käse verarbeitet – sehr zur Freude vieler Wanderer und Bergsteiger.

Sehenswerter Almabtrieb

Im Alpenraum kann man im Frühherbst vielerorts einen traditionellen Almabtrieb sehen. Die Termine liegen meist um St. Michaeli (29. September) herum. Oft begleitet von Musik- und Tanzveranstaltungen kann man prächtig geschmücktes Vieh und stolze Hirten bewundern und etwas vom Zauber, aber auch der Härte des Almlebens erahnen.

Es ist unglaublich, wie viel Kraft
die Seele dem Körper zu verleihen vermag.

(Wilhelm von Humboldt)

38 So schmeckt der Herbst – fröhliche Feste mit jungem Wein

An sonnigen Tagen ist oft das ganze Land in warmes Spätsommerlicht getaucht, aber langsam machen sich die kürzer werdenden Tage bemerkbar. Nun beginnt in den Weinbergen die Lese der früh reifenden Rebsorten; bis die spätesten Sorten an die Reihe kommen, vergehen meist noch zwei bis drei Monate.

Ob ein Jahrgang nach der Ernte als gering, mittel, sehr gut oder gar als Jahrhundertjahrgang eingestuft wird, hängt entscheidend vom Witterungsverlauf im Herbst ab. Je mehr sonnige Tage und kühle Nächte die Trauben bei ruhigem Herbstwetter noch am Weinstock verbringen, umso besser wird ihre Qualität. Ein verregneter Herbst hingegen lässt die Trauben am Stock faulen, und die Winzer müssen ernten, noch bevor die Früchte richtig ausreifen konnten. Für jungen Wein bzw. den unfiltrierten, halbvergorenen »Federweißen«, der nun bald auf Wein- und Mostfesten ausgeschenkt wird, werden die ersten reifen Trauben oft bereits im August geerntet. Die Hauptlese beginnt meist Mitte September, spät reifende Sorten, wie Riesling, bleiben bis Mitte/Ende Oktober, manchmal sogar noch bis Anfang November am Stock. In einigen wenigen Weinbergen bleiben die Trauben noch länger hängen: Sie sollen erst frostige Minusgrade im Januar/Februar zu spüren bekommen und sind zur Eisweinherstellung bestimmt.

Wein aus süßen Früchten

Reife Gartenfrüchte oder deren Saft können unter Zugabe von Zucker und Reinzuchthefe in einem speziellen Gärfass oder -ballon mit Gäraufsatz zu Obstwein vergoren werden. Das verschlossene Gärgefäß wird dazu dunkel und bei etwa 20–25 °C aufgestellt. Nach etwa vier Wochen, wenn keine Gasbläschen mehr aufsteigen, ist die Gärung abgeschlossen.

38

Der junge Weinstock gibt mehr Trauben,
der alte aber gibt besseren Wein

(Sir Francis Bacon)

39 Herbstliche, reiche Ernte – es darf gefeiert werden!

Nicht nur in der christlichen Tradition, sondern auch in anderen Religionen und Kulturen ist es üblich, »die Frucht der Erde und der menschlichen Arbeit« als Gottesgeschenk zu betrachten und im Rahmen besonderer Feiern dafür zu danken. Wo sich der Mensch noch als abhängig vom Naturkreislauf erlebt, ist dieser Brauch noch besonders lebendig.

Der Abschluss einer guten Ernte bietet darum immer Anlass zu Dank und Feier, und das Erntedankfest wurde fast überall mit Festessen und Tanz begangen. Früher bewirteten aus diesem Anlass häufig die Gutsherren ihre Mägde und Knechte zum Beispiel mit Erntebier und festlichem Essen. In manchen Gegenden ist es auch heute noch üblich, nach der Feier die auf dem Erntealtar aufgebauten Gaben an bedürftige Menschen zu verschenken. Vor dem Fest wurde die »Erntekrone« oder der »Erntekranz« aufgehängt. In vielen Regionen wird auch heute zum Fest – bei uns meist am ersten Sonntag im Oktober – aus Roggen, Weizen, Hafer und Gerste eine kunstvolle »Erntekrone« gebunden. Mancherorts fertigt man aus den letzten Getreidegarben vom Feld eine »Erntepuppe«, die als symbolische »Opfergabe« auf dem Feld verbleibt. Oder die Erntepuppe wird auf dem Fest im Zentrum der Tanzfläche aufgestellt.

Einen Erntekranz binden

Jeweils etwa zehn schöne Getreidehalme mit Ähren werden zu einem Bund zusammengefasst und mit Bindfaden zusammengehalten. Hat man einen Vorrat solcher Getreidesträußchen, werden diese nach und nach um einen vorgefertigten Kranz-Rohling aus Stroh (Bastelbedarf) gelegt und ebenfalls mit Bindfaden fixiert, bis der ganze Kranz dicht besetzt ist. Nach Belieben mit Bändern oder Schleifen verzieren.

Dankbare Menschen sind wie fruchtbare Felder.
Sie geben das Empfangene zehnfach zurück.

(August von Kotzebue)

40 Herbstzeit ist Pilzzeit – jetzt locken Steinpilz, Pfifferling & Co.

Sobald der Waldboden ab September warm und feucht genug ist, erscheinen über Nacht wie durch Zauberhand zahlreiche kleine Gestalten mit Hut und Fuß im Moos – es ist Pilzsaison! Sie dauert bis zum ersten Frost und lockt Pilzsucher in die Wälder.

Wollen auch Sie sich an der vergnüglichen »Jagd« nach Steinpilz, Rotfußröhrling, Edel-Reizker, Ziegenlippe, Birkenpilz, Rotkappe, Speisetäubling, Pfifferling & Co. beteiligen, sollten Sie einige Hinweise beachten. Eine gute Sammelzeit ist der Morgen oder frühe Vormittag, dann sind die über Nacht gewachsenen Pilze noch frisch und knackig. Als Faustregel gilt, dass man etwa 1 kg Pilze pro Person und Tag zum Eigenbedarf sammeln darf (Näheres beim zuständigen Forstamt oder der örtlichen Naturschutzbehörde) – eine gewisse Achtung vor der Natur gebietet es eigentlich von selbst, die Bestände nicht komplett »abzuernten«. Nehmen Sie nur Pilze, die Sie sicher und eindeutig erkennen. Im Zweifel helfen Pilzberatungen durch Fachleute. Schneiden Sie den Pilz mit einem Messer kurz über dem Boden ab. Vergewissern Sie sich, dass er nicht madig oder faulig ist – ernten Sie nur gesunde, unbeschädigte Pilze. Transportieren Sie Ihre »Beute« in luftigen Spankörben oder Stofftaschen, möglichst ohne sie zu quetschen.

Pilze, die auf Bäumen wachsen

Ein ganz besonderer Pilz ist der Zunderschwamm (Fomes fomentarius). Er wächst auf kranken Laubbäumen, etwa Buchen, Birken oder Pappeln, und zersetzt deren Holz. Sein getrockneter Fruchtkörper wurde schon in der Steinzeit zum Feuermachen benutzt – er fängt sehr schnell Feuer, verglüht selbst aber kaum! Auch stellte man früher filzähnliche Hüte und Kopfbedeckungen aus dem Baumpilz her.

Viel Zeit brauchen wir nicht,
um uns an der Schönheit der unscheinbaren Dinge
zu freuen, aber ein offenes Auge, ein offenes Herz.

(Eva von Tiele-Winckler)

41 Die Nuss, die es in sich hat:
gesunde, wertvolle Walnuss

In der Walnuss (Juglans nigra) stecken viele Vitamine und Mineralstoffe, sie weist ein optimales Verhältnis von ungesättigten zu gesättigten Fettsäuren auf, und die Kombination ihrer Inhaltsstoffe bringt unsere kleinen grauen Zellen in Schwung und hält uns gesund und fit. In ländlichen Gegenden galt sie lange als Fruchtbarkeitssymbol.

Der Walnussbaum liebt sonnige, milde, vor rauen Winden geschützte Standorte, wo er vor allem im Sommer genug Wärme und Sonne abbekommt, aber durchaus winterliche Fröste übersteht. Platzen ab Ende August die dicken grünen Fruchthüllen auf, beginnt die Ernte und zieht sich meist bis Anfang November hin. Die Walnuss braucht ab der Pflanzung fünf bis sieben Jahre, bis sie das erste Mal ausreichend Nüsse trägt, kann dann aber bis zu 100 Jahre lang Früchte liefern! Wichtig ist, die Nüsse nach der Ernte von den Resten der grünen Schale zu befreien und sie dann – am besten in der Herbstsonne – ausgiebig trocknen zu lassen und luftig und trocken zu lagern. Früher wurden übrigens auch die grünen Samenschalen verwendet: Als pflanzliches Färbemittel verleihen sie Stoff, Wolle, Haaren und Händen (Vorsicht beim Verarbeiten!) eine dunkle bis schwarze Färbung.

Süße Walnusshappen

Mürbteig (2 × 600 g) zu zwei Platten ausrollen und leicht anbacken. 750 g Zucker mit etwas Wasser aufkochen, bis der Zucker Fäden zieht. 900 g gehackte Walnüsse, 900 g Semmelbrösel, 900 g Butter, je 1 Prise Salz, Zimt, Nelke vermengen. Die Masse auf dem angebackenen Boden verstreichen und mit der zweiten Mürbteigplatte abdecken. Mit 100 g Eigelb bestreichen und bei Mittelhitze backen. In Stücke schneiden und mit 300 g Schokoladenkuvertüre verzieren.

Das Wesen der Dinge hat die Angewohnheit,
sich zu verbergen.

(Heraklit)

42 Ein unwiderstehlicher Genuss:
knuspriges, duftendes Bauernbrot

Brot galt in früheren Zeiten nahezu als Grundnahrungsmittel und wurde auf dem Land im hof- oder dorfeigenen Brotbackofen von den Bäuerinnen gebacken. Heute kauft man fertiges Brot beim Bäcker, doch wer einmal selbst den würzigen Teig geknetet, den Duft aus dem Backrohr gerochen und schließlich das knusprige, frische Brot gekostet hat, weiß, dass selbst gebackenes Brot mehr ist als nur eine Unterlage für den Brotzeitbelag.

Noch heute ist es durchaus mit einigem Aufwand verbunden, ein Brot zu backen. Jedoch die Tätigkeiten des Vermischens und Verknetens der Zutaten, des Gehenlassens des Teigs und schließlich des Backens, deren Abfolge an ein immer gleiches Ritual erinnert, können wundersam entschleunigend wirken und Sie wohltuend zur Ruhe kommen lassen, wenn Sie sich die nötige Zeit dafür nehmen. Früher hingegen bedeutete es auch eine Menge Arbeit, wenn alle zwei bis vier Wochen »Backtag« war und der Backofen bereits mehrere Stunden vorher angeschürt wurde. Am Tag vor dem eigentlichen Backen wurde der Sauerteig angesetzt, wozu man immer einen aufbewahrten Teigrest vom letzten Backtag, den sogenannten »Säuer« verwendete, der den Teig aufgehen ließ.

Sauerteig-Brot backen

½ l backfertiger Sauerteig, 500 g Mehl (zum Beispiel Type 1000), 1 TL Salz mit 200 ml Wasser in einer Schüssel gut verkneten, bis sich der Teig von der Schüssel löst. Zu einem Laib formen oder in eine gut gefettete Kastenform geben und etwa 2–6 Stunden gehen lassen, bis sich das Volumen verdoppelt hat. Laib im vorgeheizten Backofen (180–200 °C) etwa 40–60 Minuten backen. Das Brot ist fertig, wenn es beim Klopfen auf die Unterseite hohl klingt.

Brot ist nicht nur Korn und Mehl
Brot ist Arbeit, Wissen, Streben.
Brot ist klug gelenktes Leben.

(Sprichwort)

43 Obst in Hülle und Fülle:

Vitamine für die kalte Jahreszeit

Der frühe Herbst mit oft noch schönen Sonnentagen verleiht dem reifenden Obst Aroma und Süße. Noch mehr als anderes Erntegut war eine reiche Obsternte seit jeher Ausdruck einer sich in Fülle verschenkenden Natur. Die Arbeit des Erntens und Verarbeitens wurde daher meist gern verrichtet, sicherte einem doch die fertige »Beute« in Form fruchtiger Produkte gesunde Genüsse während der langen Winterzeit – was auch heute noch gilt.

Eine etappenweise Ernte ist vor allem bei Lagerobst ratsam, da meist nicht alle Früchte eines Baums gleichzeitig reif werden. Hier ist etwas Fingerspitzengefühl für den richtigen Erntezeitpunkt gefragt, denn kommen zum Beispiel Lageräpfel zu früh vom Baum, ist oft das typische Aroma noch nicht ausreichend entwickelt. Lässt man sie hingegen zu lange hängen, verkürzt das ihre Haltbarkeitsdauer im Lagerraum. Bei den Birnen sind zwar selbst sogenannte »Lagerbirnen« längst nicht so lange haltbar wie Lageräpfel, sollen jedoch auch sie noch einige Wochen für süßen Genuss sorgen, ist eine sorgsame Ernte und Lagerung unumgänglich. Für die aromatischen Quitten heißt es »runter vom Baum«, wenn sich ihre Farbe von Goldgelb nach Zitronengelb ändert. Allerdings müssen die steinharten Früchte im Haus erst ca. zwei bis vier Wochen nachreifen, bevor man an die weitere Verarbeitung gehen kann.

Für einen guten Wintervorrat

Äpfel: 'Jonagold', 'Roter Herbstkalvill', 'Prinz Albrecht von Preußen', 'Boskoop', 'Berlepsch', 'Alkmene', 'Weißer Winterglockenapfel', 'Korbiniansapfel', 'Berner Rosenapfel'. Birnen: 'Conference' (etwa vier Wochen), 'Gräfin von Paris' (etwa bis Anfang Januar), 'Pastorenbirne' (etwa bis März).

Früchte reifen durch die Sonne;
Menschen reifen durch die Liebe.

(Julius Langbehn)

44 Der Herbst feiert Abschied

mit strahlend bunter Farbenpracht

In leuchtende Herbstfarben getauchte Bäume und Sträucher zeigen jetzt das letzte Auflodern der Natur, bevor sie sich in winterliche Kargheit hüllt. Noch im Absterben und Vergehen sind zahlreiche Blätter von ausgesuchter Schönheit.

Genießen Sie diese Farbenpracht, und sammeln Sie möglichst viel herbstliches Licht in Ihrem »inneren Speicher« für den Winter. Ausgelöst wird die Färbung der Blätter übrigens dadurch, dass der grüne Farbstoff, das Chlorophyll, abgebaut wird und die vorher überdeckten gelben und orangeroten Pigmente sichtbar werden. Sinkende Temperaturen und kürzer werdende Tage lösen dieses bunte Schauspiel aus. Nach Feldarbeit und Ernte begann einst zum Ende des Herbstes für die Menschen auf dem Land der ruhige und stille Abschnitt des Jahrs. Feste wie Allerheiligen und Allerseelen, bei denen man der Seelen der Verstorbenen und Heiligen gedenkt, fallen in diese Zeit. Brauch ist vielerorts noch das Backen von Allerheiligenzöpfen aus Hefeteig und süßen Allerseelenbrezen, die man früher, bevor man sie verspeiste, in der Kirche weihen ließ. Üblich ist auch das Entzünden von Lichtern für die Verstorbenen auf dem Friedhof. Die Lichter sollen nächtens vielleicht umherirrenden Seelen den Weg weisen. Auch das aus den USA stammende »Halloween« feiert man inzwischen bei uns am Vorabend von Allerheiligen, am 31. Oktober.

Herbstlaub für stimmungsvolle Dekorationen

Sammeln Sie bei Ihren Herbstspaziergängen etwas von der bunten Blätterpracht! Zu Hause zwischen zwei Papierbögen in dicken Büchern ein paar Tage lang gepresst und getrocknet, können Sie sie als herbstliche Tischdeko ausstreuen oder auf Schnüre fädeln und Girlanden für Fenster, Türen oder Tische basteln.

Es ist nicht zu wenig Zeit, die wir haben, sondern es ist zu viel Zeit, die wir nicht nutzen.

(Lucius Annaeus Seneca)

45 *Wärme, die im Wald wächst:*
Heizen mit wertvollem Brennholz

Spätestens wenn die Temperaturen deutlich sinken, ist gut beraten, wer ausreichend Heizmaterial besitzt. Früher war das meist Brennholz. Genügend davon zu haben war überlebenswichtig. Ohne Feuer kein warmes Essen und keine warme Stube. Das Brennholz wurde meist zwischen November und Februar geschlagen, da das Holz dann schneller trocknet.

Auch heute besinnen sich viele Menschen wieder auf Holz als regionalen, klimaschonenden Brennstoff, da beim Verbrennen von Holz nur so viel Kohlendioxid freigesetzt wird, wie die Bäume im Verlauf ihres Wachstums der Atmosphäre entzogen haben. Während heute bei der Holzernte das Kreischen der Motorsägen und das Dröhnen von Erntemaschinen durch den Wald hallt, schleppten früher Pferdegespanne die Stämme aus dem Wald. Da die Arbeit mit den »Rückepferden« im Gegensatz zu schweren Forstmaschinen kaum Bodenschäden verursacht und die Stämme auch ohne Rückegassen transportiert werden können, ist der Pferdeeinsatz im Rahmen einer naturnahen Forstwirtschaft stellenweise wieder im Kommen. Ist das Holz geschlagen, wird es zersägt und gespalten. Anschließend wird es zwei bis drei Jahre, mindestens aber ein Jahr lang, gut belüftet und gegen Nässe geschützt gelagert. Dann liegt sein Feuchtigkeitsgehalt unter 20 Prozent, und der Heizwert ist fast optimal.

Jetzt kann der Winter kommen:
Wie Holz am besten trocknet

Holz trocknet am besten an der frischen Luft, etwa unter einem vorgezogenen Dach oder in einem offenen Holzschuppen. Auf jeden Fall sollte man das Holz auf einer Unterlage stapeln und zwischen Holzstapel und Wand einen Spalt zur Belüftung lassen. Schützen Sie Holzstapel gegen Regen, decken Sie sie aber nicht ganz mit Plastikplanen ein.

Man muss sein Leben aus dem Holz schnitzen,
das man zur Verfügung hat,
und wenn es krumm und knorrig wäre.

(Theodor Storm)

46 St.-Martins-Tag:
Laternenumzug und Gänsebraten

Am 11. November, dem Tag des heiligen Martin, gibt es Anlass zum Feiern. Sehr beliebt sind früh-abendliche Umzüge, bei denen Kinder stolz ihre selbst gebastelten Laternen vor sich hertragen und Martinslieder singen. Oft begleitet sie ein Reiter mit rotem Umhang, Er symbolisiert den heiligen Martin, der seinen Mantel mit einem Bettler teilte.

Um Martini, also den 11. November herum, wurden Licht und Feuer für die Menschen wieder wichtiger. Die Tage wurden kürzer, und man heizte zum ersten Mal wieder den Ofen ein. Auch heute stimmen uns Laternen und abendliche Beleuchtung auf den beginnenden Winter ein; die früh hereinbrechende Dunkelheit erhält so ihren ganz besonderen Reiz, anheimelnd und gemütlich. Was aber hat der mild-tätige Heilige mit den Gänsen zu tun? Angeblich war er so bescheiden, dass er sich, als das Volk ihn zum neuen Bischof machen wollte, für nicht würdig hielt und sich in einem Gänsestall versteckte. Die schnatternden Gänse jedoch verrieten ihn – und werden zur »Strafe« noch heute am Martinstag gebraten! Ein Grund kann aber auch darin liegen, dass St. Martin traditionell der Tag für die Ablieferung des »Zehnten« gewesen ist, also der Pachtzahlungen. Diese konnte man auch in Naturalien, d.h. auch in Form einer Gans entrichten.

Rustikale Martinslaterne –
einfach und schnell gebastelt

Rechtzeitig zum Martinstag noch schnell eine Laterne vor die Haustür oder aufs Fensterbrett? Nehmen Sie eine stabile Papiertüte mit festem Boden, wie man sie in vielen Geschäften für kleinere Einkäufe bekommt. Mit einer Schere Muster oder Formen aus den Seiten ausschneiden, von innen mit buntem Transparentpapier bekleben, Teelicht hineinstellen – fertig!

Ein Spaziergang am frühen Morgen
ist ein Segen für den ganzen Tag.

(Henry David Thoreau)

47 Der Duft aus der Kindheit:
unwiderstehliche Plätzchen

Ob festliches Gebäck, süße Klassiker, Lebkuchen, Stollen, Plätzchen oder Kekse – die Zeit vor Weihnachten ist schon lange ein traditioneller Anlass, Kleingebäck in vielen Sorten zu produzieren.

Zur Feier der Geburt Jesu war es in den mittelalterlichen Klöstern üblich, möglichst erlesenes Backwerk herzustellen. Dafür verwendete man besonders in den reicheren Klöstern teure und exotische Gewürze wie Anis, Nelken, Zimt, Ingwer und Kardamom. Ebenfalls in Klöstern »erfunden« wurden die Lebkuchen aus dunklem Mehl, Honig, Nüssen, Mandeln, vielen Gewürzen, Hirschhornsalz und/oder Pottasche als Treibmittel. Da man früher alle exotischen Gewürze mit dem Namen »Pfeffer« bezeichnete, nannte man die Lebkuchen auch Pfefferkuchen. Bei der wohlhabenderen Landbevölkerung war die Weihnachtsbäckerei einst eine aufwendige Sache, da viele verschiedene Gebäckarten in größeren Mengen hergestellt wurden. Großmütter und Urgroßmütter kannten meist die besten Rezepte. Ihr Duft und Geschmack versetzen noch heute so manchen in glückliche Kindertage. Graben Sie alte Rezepte aus, gönnen Sie sich Zeit und Muße zum Backen – eine ideale Einstimmung auf die Weihnachtszeit!

Omas Vanillekipferl

250 g Mehl, 210 g Butter, 100 g gemahlene Mandeln, 80 g Zucker, 2 Päckchen Vanillezucker zum Teig kneten. In Folie ½ Stunde im Kühlschrank ruhen lassen. 100 g Puderzucker und 2 Päckchen Vanillezucker in eine Schüssel sieben. Teig zu ca. 4 cm dicken Rollen formen, in 1–2 cm dicke Scheiben schneiden. Scheiben zu Kipferln formen, auf ein mit Backpapier belegtes Blech legen und bei 175 °C ca. 20 Minuten backen. Abkühlen lassen, in Puderzuckermischung wenden.

Zeit für Liebe und Gefühl, heute bleibts nur außen kühl!
Kerzenschein und Plätzchenduft,
Weihnachten liegt in der Luft!

(UNBEKANNT)

48 Zeit für Ruhe und Behaglichkeit – die dunklen, kurzen Wintertage

Winterzeit, Weihnachtszeit, draußen ist es kalt und frostig, drinnen warm und behaglich. Während wir in dieser Zeit gern mit einem Buch vor dem Kamin sitzen oder uns mit Familie oder Freunden zum Spielenachmittag treffen, war die ruhige Winterzeit früher ganz bestimmten Tätigkeiten vorbehalten.

Waren die Feldarbeiten beendet, verbrachten die Frauen den größten Teil ihrer Zeit mit dem Spinnen von Flachs und Wolle. Man traf sich an den Abenden in den Spinnstuben, wo die eintönige Beschäftigung durch geselliges Beisammensein, Singen, Spielen, Plaudern und Geschichtenerzählen besser von der Hand ging. Ursprünglich trafen sich Frauen und Männer reihum abendlich in einem Haus des Dorfs, insbesondere in Gegenden, in denen die Flachs- oder Wollverarbeitung als zusätzlicher Erwerbszweig diente. Später waren es dann oft nur die Frauen, die an den Spinnrädern arbeiteten, während am späteren Abend auch junge Burschen dazukamen, allerdings nur, um am geselligen Beisammensein teilzuhaben. So manches Paar hat so zueinander gefunden. Auch heute sind die Wintermonate eine ideale Zeit, um zusammenzusitzen, zu handarbeiten oder zu basteln, sich vorzulesen, Geschichten zu erzählen, Musik zu hören oder Spiele zu spielen. Bewusst miteinander verbrachte Zeit ist ein wertvolles Geschenk, das man sich gerade in der Winterzeit gegenseitig machen kann.

Blühende Barbarazweige

Am 4. Dezember, dem Gedenktag der heiligen Barbara, schnitt man Obstbaumzweige, zum Beispiel von Apfel- oder Kirschbäumen, und stellte sie in eine Vase in der Stube. Der Legende nach sollte das Erblühen der Zweige bis Weihnachten Glück im kommenden Jahr bringen – probieren Sie es aus!

48

*Nicht da ist man daheim, wo man seinen
Wohnsitz hat, sondern wo man verstanden wird.*

(Christian Morgenstern)

49 Weihnachtsäpfel – ein duftender, süßer Genuss

Am 6. Dezember ist Nikolaus, und da der heilige Nikolaus, Bischof von Myra, seit Jahrhunderten als Wohltäter der Kinder gilt, werden diese an seinem Gedenktag beschenkt. Traditionell füllt der Nikolaus über Nacht die Schuhe der Kinder mit Süßigkeiten, Nüssen und schönen roten Äpfeln, den »Nikolausäpfeln«. Vielleicht, weil eine Sage erzählt, dass der heilige Nikolaus einer armen Familie heimlich in der Nacht einen goldenen Apfel in die Stube legte und ihre Not damit beendete?

Bevor als Christbaumschmuck bunte Glaskugeln und Lametta üblich wurden, hängte man in vielen Regionen rote, mit einer Speckschwarte und einem Tuch glänzend polierte Äpfel an den Weihnachtsbaum. Dessen immergrüne Zweige und die roten Äpfel standen stellvertretend für die christlichen Symbolfarben von Advent und Weihnacht: Grün und Rot. Gleichzeitig gelten glänzend rote Äpfel auch als Verheißung des Sommers mitten im Winter, als Symbol für Fruchtbarkeit und Reichtum und als Erinnerung ans Paradies. Einer Geschichte zufolge konnte sich ein armer Glasbläser keine Äpfel als Weihnachtsschmuck leisten und »erfand« um das Jahr 1830 in seiner Not glänzend rote Christbaumkugeln aus feinem Glas.

Aromatische Bratäpfel

Backofen auf 175 °C Umluft vorheizen, 4 mittelgroße Äpfel, zum Beispiel 'Boskoop', waschen, Kerngehäuse herausstechen. 50 g Mandeln, 50 g Rosinen und 4 TL Honig vermischen und in die Äpfel füllen. In eine gefettete Auflaufform setzen, auf jeden Apfel ein Butterflöckchen geben, ins vorgeheizte Backrohr schieben und 20–30 Minuten backen, bis die Schale aufplatzt. 250 ml Calvados, 3 EL Zimtzucker und 1 TL Vanillezucker vermischen und über die heißen Äpfel gießen.

Kein Genuss ist vorübergehend,
denn der Eindruck, den er hinterlässt, ist bleibend.

(Johann Wolfgang von Goethe)

50 Beete im winterlichen Kleid:
die letzten Arbeiten im Garten

Ende Oktober, spätestens Anfang November ist es Zeit, den Garten auf den Winter vorzubereiten. Während die abgeernteten Gemüsebeete von letzten Pflanzenresten befreit, mit Kompost versorgt und – nur bei sehr schwerem Boden – umgegraben werden, wachsen auf anderen Flächen Wintergemüse und Kräuter, die auch in der kalten Jahreszeit geerntet werden, wie Porree, Wirsing, Spinat, Rosenkohl, Grünkohl, Feldsalat, Winterportulak und Petersilie.

Damit das Wintergemüse keinen Schaden nimmt und sich selbst bei Eis und Schnee bequem ernten lässt, schützen Sie es mit einer Abdeckung aus Reisig oder Vlies. So übersteht es problemlos Temperaturen von -12 bis -15 °C. Im Staudengarten dürfen trockene Blüten- und Samenstände der Spätsommerstauden wie Japanische Anemonen, Herbstastern, Sonnenhut, Edeldisteln und auch die Blattschöpfe der Gräser ruhig stehen bleiben. Sie bieten überwinternden Insekten Schutz, Futter suchenden Vögeln Nahrung und sorgen dafür, dass im Garten auch während des Winters eine optische Grundstruktur erhalten bleibt und er nicht wie ein leerer Acker aussieht. Die Frucht- und Samenstände, die vom Raureif überzogen werden, liefern oft ganz zauberhafte Eindrücke.

Den Schnecken zuvorkommen

Wird Ihr Garten regelmäßig im Frühjahr von Schneckeninvasionen heimgesucht, können Sie jetzt vorbeugen: Warten Sie damit, die Gemüsebeete von letzten Ernteresten zu befreien, glatt zu harken oder umzugraben, bis es ein- oder zweimal Frost hatte. Dann erfrieren nämlich die zuvor in Ritzen und Spalten des Bodens abgelegten Schneckeneier, weil sie durch das erneute Lockern oder Umgraben wieder in die obersten Bodenschichten befördert werden.

Das Leben ist bezaubernd, man muss es nur durch die richtige Brille sehen.

(Alexandre Dumas)

51 Ein jahrhundertealter Brauch – Weihnachtsbaum und Lichterglanz

Alle Jahre wieder erstrahlen zur Weihnachtszeit Weihnachtsbäume im bunten Lichterglanz. Für den einen ist es der harzige Duft der Tannenzweige, für den anderen das funkelnde Glitzern der Lichter oder das Schimmern von bunten Kugeln und Lametta, das ihn in weihnachtliche Stimmung versetzt.

In Deutschland wird dieser Brauch seit etwa 400 Jahren gepflegt. Seine genaue Herkunft und Beginn sind ungewiss, doch schon in früheren Zeiten holten sich die Menschen zur Winterzeit Tannenzweige oder andere immergrüne Pflanzen ins Haus. Diese sollten bösen Geistern das Eindringen erschweren. Gleichzeitig symbolisierte das Grün die Lebenskraft und gab Hoffnung auf das Wiedererwachen der Natur. Mit am häufigsten werden hierzulande (Weiß-)Tannen als Weihnachtsbäume verwendet, doch auch Fichten und andere Nadelbäume kommen zum Einsatz. Geschmückt wurde der Baum ursprünglich wahrscheinlich mit Strohsternen, bunten Papierblumen, kleinen Holzfiguren, vergoldeten Nüssen, roten Äpfeln und Süßigkeiten. Die Spitze krönte ein Stern oder ein Engel. Erst nach 1700 begann man, Kerzen am Weihnachtsbaum zu entzünden, 100 Jahre später kamen bunte Christbaumkugeln in Mode, und etwa 80 Jahre danach prangten Lamettafäden an den Zweigen, die an glitzernde Eiszapfen erinnern sollten.

Kuss unter dem Mistelzweig

Schon im Altertum galt die auf Bäumen wachsende Mistel als Wunder- und Zauberpflanze, als Allheilmittel und Himmelsgeschenk, und den keltischen Druiden war sie heilig. Noch heute findet man vielerorts den landläufigen Brauch, zur Weihnachtszeit Mistelzweige über die Tür zu hängen. Wer sich darunter küsst, bleibt angeblich ein Leben lang zusammen.

Vom Himmel in die tiefsten Klüfte ein milder Stern herniederlacht,
vom Tannenwalde steigen Düfte und hauchen
durch die Winterlüfte, und kerzenhelle wird die Nacht.

(Unbekannt)

52 Geheimnisvolle Zeit der Winterdämonen

Rauhnächte, auch Raunächte oder Rauchnächte nennt man die zwölf Nächte zwischen dem 25. Dezember und dem 6. Januar. Die Tage zwischen den Jahren sind geprägt von Rückbesinnung auf das Alte und gespannter Erwartung des Neuen.

Raunachtsbräuche gehen vermutlich auf vorchristliche Ursprünge zurück. So sagte man, die Tür zur Welt der Verstorbenen und Geister stehe in dieser Zeit offen und Wotan (Odin) sei mit seinem Heer, der »Wilden Jagd«, unterwegs. In diesen Nächten wurden Orakel befragt, die Tiere im Stall sollen um Mitternacht mit menschlicher Sprache über die Zukunft erzählen, und alle Art von Zauberei sollte besonders wirkungsvoll sein. Die »Zwölf Nächte« galten mancherorts als derart gefährlich, dass sie mit Fasten und Beten begangen wurden. Um das Anwesen sowie Mensch und Tier vor bösen Mächten zu schützen, ging der Hausherr oder ein Priester mit der Räucherpfanne voll Glut und Weihrauch durch Haus, Hof und Stall und versprengte Weihwasser. Von dieser Schutzräucherung stammt einerseits die Bezeichnung »Rauch-Nächte«, andererseits meint »rau« auch »haarig« und könnte in Bezug zu pelzigen Dämonen stehen, die in dieser Zeit ihr Unwesen treiben sollten. Im Alpenraum versammeln sich mancherorts nach wie vor solche Gesellen zum »Perchtenlauf«, einem Spektakel mit viel Lärm und Getöse.

Raunachts-Räucherung

Eine Schale 1–2 cm hoch mit Sand füllen. Räucherkohletablette anzünden, auf den Sand legen und etwa 5 Minuten durchglühen lassen, bis sie einen weißlichen Ascheüberzug hat. Dann das Räucherwerk, etwa getrocknete Wurzel von Engelwurz, Wacholderspitzen und Weihrauch darauflegen und verglühen lassen.

In der vollkommenen Stille
hört man die ganze Welt.

(Kurt Tucholsky)

Überblick Tipps

Anleitungen

Beobachtungen, Ausflüge, altes Wissen

Bauernregeln

Arten- und Sortentipps

Rezepte

Adressen und Bücher, die weiterhelfen

Bauernhof- und Freilichtmuseen

Deutschland

Bielefelder Bauernhaus-Museum
Dornberger Straße 82
33619 Bielefeld
www.bielefelder-bauernhausmuseum.de

Volkskunde- und Freilichtmuseum Roscheider Hof
Roscheider Hof 1
54329 Konz
www.roscheiderhof.de

Bauernhofmuseum Jexhof
82296 Schöngeising
www.jexhof.de

Freilichtmuseum Glentleiten des Bezirks Oberbayern
An der Glentleiten 4
82439 Großweil
www.glentleiten.de

Bajuwarenhof Kirchheim
Glockenblumenstraße 7
85551 Kirchheim
www.bajuwarenhof.de

Schwäbisches Bauernhofmuseum Illerbeuren
Museumstraße 8
87758 Kronburg-Illerbeuren
www.bauernhofmuseum.bezirk-schwaben.de

Bauernhaus-Museum Wolfegg
Vogter Straße 4
88364 Wolfegg
www.bauernhausmuseum-wolfegg.de

Bauernhausmuseum Lindberg
Kramerstraße 4
94227 Lindberg

Österreich

Salzburger Freilichtmuseum
Hasenweg
5084 Großgmain
www.salzburger.freilichtmuseum.com

Bauernmuseum Mondseeland
Hilfberg 6
5310 Mondsee
www.museummondsee.at

Österreichisches Freilichtmuseum –
Europas ältestes und größtes Bauernhofmuseum
Gratweinerstraße 134
8121 Deutschfeistritz
www.freilichtmuseum.at

Schweiz

Schweizerisches Freilichtmuseum Ballenberg für ländliche Kultur
Museumsstraße 131
2858 Hofstetten (Bern)
www.haslital.ch/de/page.cfm/erlebnisse/museen/2441

Vereine und Verbände:

Zentralverband Deutscher Rasse-Kaninchenzüchter
Sonnenstraße 20
95213 Münchberg
http://zdrk.de

Bund Deutscher Rassegeflügelzüchter e.V.
Erlenbruchstraße 20
63071 Offenbach am Main
www.bdrg.de

Rassezuchtverband Österreichischer Kleintierzüchter
Unterlochnerstraße 17B
5230 Mattighofen
www.kleintierzucht-roek.at

Natur- und Umweltschutzverbände

Bund für Umwelt und Naturschutz Deutschland e.V. (BUND)
Am Köllnischen Park 1
10179 Berlin

Landesbund für Vogelschutz in Bayern e.V. (LBV)
Eisvogelweg 1
91161 Hilpoltstein

Naturschutzbund Deutschland e.V. (NABU)
Charitéstraße 3
10117 Berlin

Deutsche Gesellschaft für Gartenkunst und Landschaftskultur e.V. (DGGL)
Wartburgerstraße 42
10823 Berlin

Bundesministerium für Umwelt, Naturschutz und Reaktorsicherheit, Referat Öffentlichkeitsarbeit
Stresemannstraße 128–130, 10117 Berlin
www.bmu.de/naturschutz

Deutscher Tierschutzbund e.V.
Baumschulallee 15
53115 Bonn

Literatur

Bodenstein, Katharina/Schneider, Jutta und Will, Michael: **Landleben – zwischen Schafen und Bauerngärten.** Thorbecke Verlag

Candlin, Alison: **Das BLV-Handbuch Landleben.** BLV Buchverlag

Haller, Regina: **Landleben – Essen. Genießen, Entdecken.** Fona Verlag

Hudak, Renate: **Küchengarten.** Gräfe und Unzer

Hudak, Renate und Harazim, Harald: **Gartenschätze. Küchengarten für Selbstversorger.** Gräfe und Unzer

Audio-CD:

Kurt Bauer: **Bauernleben – vom alten Leben auf dem Land (2 CDs).** Mono Verlag, Wien

Zeitschriften

Landleben. ipm Magazin Verlag, München

LandLiebe. Ringier Verlag, Zürich

Landlust. Landwirtschaftsverlag, Münster

Leben im Allgäu. AVA Agrar-Verlag, Kempten

Meine gute Landküche. Burda Senator Verlag, München

Mein schönes Land. Burda Senator Verlag, München

Servus in Stadt & Land. Red Bull Media House, Wien/München

Die Autoren

Renate Hudak

ist Diplom-Ingenieurin für Gartenbau und am Botanischen Garten Augsburg für Öffentlichkeitsarbeit, Umweltbildung und Gartenfachberatung zuständig. Schon seit vielen Jahren arbeitet sie als freie Gartenautorin und Referentin für Gartenfachvorträge und -seminare. Gemeinsam mit ihrem Mann, Harald Harazim, bietet sie ein natur- und umweltpädagogisches Programm an.

Harald Harazim

absolvierte am Institut für Hydromechanik der TU Braunschweig eine Ausbildung zum Maschinenbauer und arbeitete am Institut für Thermodynamik. Im Anschluss daran studierte er Europarecht und war als Referent im Bereich transnationaler Teambildung und Kommunikation tätig. Nach einigen Jahren bei einem großen deutschen Energieunternehmen arbeitet er inzwischen als freier Naturlehrer und Autor und lebt mit seiner Frau im gemeinsamen Häuschen auf dem Land mit großem Garten.

Bildnachweis

Titelbild: Plainpicture
Anzenberger Agency: Bild Nr. 22; Arco Images: Bild Nr. 11, 37, 38, 44; Biosphoto: Bild Nr. 41; Blickwinkel: Bild Nr. 8, 12, 30, 40; Corbis: Bild Nr. Bild Nr. 6; Christel Erz, Rossnatour: Bild Nr. 45; Flora Press: Bild Nr. 3, 10, 13, 24, 29, 50; GAP: Bild Nr. 4, 27; Getty Images: Bild Nr. 16, 19, 28; Oliver Giel: Bild Nr. 32; Imago: Bild Nr. 34, 42; Jalag Syndikation/Klaus-Maria Eiwanger: Bild Nr. 26, 39, 43; Look-foto: Bild Nr. 5, 15, 21, 36; Mauritius Images: Bild Nr. 2, 18, 25; Jana Muchalski: Bild Nr. 23; Natureinimages.com: Bild Nr. 20; Okapia: Bild Nr. 9; Page Seven Images: Bild Nr. 31; Picture Alliance: Bild Nr. 33; Plainpicture: Cover, Bild Nr. 48; Stock Food: Bild Nr. 47, 49; Friedrich Strauß: Bild Nr. 1, 46; Annette Timmermann: Bild Nr. 14; Vario Images: Bild Nr. 52; Zoonar: Bild Nr. 7, 17, 35, 51.

Impressum

Projektleitung: Cornelia Nunn
Redaktionelle Mitarbeit: Vanessa Lotz
Lektorat: Barbara Kiesewetter
Bildredaktion: Daniela Jelinek, Inge Kraus, Petra Ender (Cover)
Layout: independent Medien-Design, Horst Moser, München
Produktion: Susanne Mühldorfer
Satz: Ludger Vorfeld, München
Reproduktion: Longo AG, Bozen

Printed in China
ISBN: 978-3-8338-3442-4
1. Auflage 2014

www.facebook.com/gu.verlag

GRÄFE UND UNZER

Ein Unternehmen der
GANSKE VERLAGSGRUPPE

QUALITÄTS GU GARANTIE

DIE GU-QUALITÄTSGARANTIE

Liebe Leserin, lieber Leser,
wir möchten Ihnen mit den Informationen und Anregungen in diesem Buch das Leben erleichtern und Sie inspirieren, Neues auszuprobieren. Alle Informationen werden von unseren Autoren gewissenhaft erstellt und von unseren Redakteuren sorgfältig ausgewählt und mehrfach geprüft. Deshalb bieten wir Ihnen eine 100%ige Qualitätsgarantie. Sollten wir mit diesem Buch Ihre Erwartungen nicht erfüllen, lassen Sie es uns bitte wissen. Sie erhalten von uns kostenlos einen Ratgeber zum gleichen oder ähnlichen Thema.
Wir freuen uns auf Ihre Rückmeldung, auf Lob, Kritik und Anregungen, damit wir für Sie immer besser werden können.

GRÄFE UND UNZER Verlag
Leserservice
Postfach 86 03 13
81630 München
E-Mail: leserservice@graefe-und-unzer.de
Telefon: 00800 – 72 37 33 33*
Telefax: 00800 – 50 12 05 44*
Mo–Do: 8.00–18.00 Uhr
Fr: 8.00–16.00 Uhr
(gebührenfrei in D, A, CH)*

Ihr GRÄFE UND UNZER Verlag
Der erste Ratgeberverlag – seit 1722.